d exo
besondere
m größten Fluß
azonas,
ach Manaus,
asbecken, ungefähr
von der Atlantikküste
haben nur zwei Wochen
Region um Manaus

RAINER ULLRICH

Skizzen vom Amazonas

RAINER ULLRICH

Skizzen vom Amazonas

Als Expeditionsmaler im Regenwald.
Jeder Tag ist ein Abenteuer.

Koehlers Verlagsgesellschaft mbH · Hamburg

Bildnachweis:

Titelfoto: Michael Marczok
Innenseiten: Fotos zum Text, Michael Marczok: Seiten 16, 20, 25, 26, 29, 31, 34, 40, 46, 58, 60, 62, 64, 78, 79, 81, 84, 85, 87, 96, 101, 110, 112, 113, 115, 117, 118, 119, 120, 112, 122, 123, 125, 129, 130.
Peter Weidtkamp / Holger Mittendorf: Seiten 49, 51, 54, 74, 95, 98, 103, 107, 127, 135, 139.
Heinz Christahl: Seiten 21, 61.
Trixi Lange-Hitzbleck: Seiten 97, 109, 135.
Foto Schiff FRIEDA: Museeumshafen Flensburg
Fotoserie im Anhang: Peter Weidtkamp

Illustrationen, Zeichnungen und Aquarelle: Rainer Ullrich
Gesamtgestaltung und Text: Rainer Ullrich

Litho- und Scanarbeiten: Hamburger Reprotechnik GmbH

Druckvorlagen-Herstellung: LD-Medien GmbH, Hamburg

Die Originale, Aquarelle, Pastelle, Zeichnungen sowie Interpretationen in Öl und Acryl, bietet Rainer Ullrich in seinem Atelier zum Kauf an.

Info unter:
www.rainer-ullrich-artundwork.de
www.expeditionsmaler-rainer-ullrich.de
mail@rainer-ullrich-artwork.de

Rainer Ullrich, Art&Work
Alsterberg 18d (Hof), 22335 Hamburg, Telefon 040 / 50 33 01

Ein Gesamtverzeichnis der lieferbaren Titel der Verlagsgruppe Koehler/Mittler schicken wir Ihnen gern zu. Sie finden es aber auch im Internet unter www.koehler-mittler.de

Bibliografische Information Der Deutschen Bibliothek
Die Deutsche Bibliothek verzeichnet diese Publikation in der Deutschen Nationalbibliografie; detaillierte bibliografische Daten sind im Internet über http://dnb.ddb.de abrufbar.

ISBN 3-7822-0912-5

Produktion: Hans-Peter Herfs-George
Druck und Herstellung: Druckerei zu Altenburg, Altenburg
Printed in Germany

PROLOG

Wenn man mir vor Jahren die Gelegenheit zu einer Expedition in den Amazonas gegeben hätte, um zu malen und aufzuzeichnen; ich wäre nicht so vorgegangen wie heute.

Die Expedition Nordost-Passage mit Arved Fuchs im Jahre 2002 öffnete mir eine neue Dimension ungeahnter Tiefe. Ein Tagebuch zu führen, wie in den Zeiten der Entdecker und Eroberer, war eine schnell erfasste Aufgabe. Je weiter sich die Seiten füllten, desto aufmerksamer wurde ich für die Augenblicke, denn jeder Tag, jede Nacht war gefüllt mit Geschichten.

Die Amazonas Expedition, auf einem Schiff, das uns von Manaus aus in die überfluteten Gebiete des Rio Negro, Rio Solimoẽs und ihren Nebenarmen brachte, war begrenzt auf zwölf Tage. Hier waren jetzt keine wissenschaftlichen Aufgaben zu erfüllen. Für zweiundzwanzig Teilnehmer war es teils ein abenteuerliches Highlight, teils war es als kreative Exkursion in den Regenwald anzusehen.

Das Besondere an dieser Fahrt war das enge Zusammenleben an Bord mit der brasilianischen Crew und dem Kapitän Mo, auch Eigner des Schiffes. VICTORIA AMAZONICA. Eine moderne GAIOLA, so werden die traditionellen Schiffe auf dem Amazonas genannt, mit klimatisierten Schlafkammern und einer brasilianischen Küche machte den Aufenthalt zu einem gemeinschaftlichen Zuhause. Tag und Nacht unterwegs, ein Filmteam, Fotografen, ein Expeditionsmaler für die zahllosen Ereignisse im großen Amazonasgebiet des Regenwaldes. Die Regenzeit dauert bis Juli. Jetzt also noch viel feuchte Wärme und Regenschauer. Was in dieser kurzen Zeit alles geschah, erlebt wurde, habe ich vor Ort im Moment des Geschehens aufgezeichnet und geschrieben, denn jeder Tag war ein Abenteuer.

Dank an die Freunde und Unterstützer

Für das Entstehen dieser Geschichte, die Zusammenstellung des mitreisenden Teams und die perfekte Organisation bis in die kleinsten Details, bin ich Trixi Lange-Hitzbleck unendlich dankbar! Sie hat bei uns allen eine unglaubliche Geschichte ins Rollen gebracht.

Ich danke Veit Bentlage für die Filmgeschichte, die mit FRIEDA VON HADERSLEBEN anfängt und den Expeditionsmaler auf dem Amazonas begleitet.

Ich danke Peter Weidtkamp herzlich für seine Unterstützung mit der Fotoserie im Buch und dem weiteren Fortlauf des Projektes, mit Ausstellungen und Vorträgen.

Michael Marczok danke ich für die große Fotoauswahl aus unserer Expedition und vor allem für die Zusammenstellung des Titelfotos!

Ich danke der Koehlers Verlagsgesellschaft, die mir mit der gesamten Mannschaft für dieses Buch die Daumen drückt!

Der Hamburger Reprotechnik GmbH, und vor allem Siegfried Beyer, danke ich für die elektronische Bildbearbeitung.

LD-Medien GmbH, (Piffko) Bruno Pannecke danke ich für die langjährige Unterstützung bei der Druckvorlagen-Herstellung und den Digitaldrucken zu diesem Buch und Eve Krieger für die reibungslose Ausführung des Buch-Layouts.

Ich danke Stella für ihr brasilianisches Engagement, unter anderem für die Koch-Rezepte.

Und ein Dank an Conny und Barbara für die Textbearbeitung.

Rainer Ullrich

…as Tage an…
…fliehen, in eine…
…ürnatürlich und exotis…
…auf eine ganz besonde…
…genießen ist. Im größt…
…Erde, dem Amazonas.
…fliegen wir nach Ma…
…s Amazonasbecken…
…km, von der…
…haben…
…De…

V O R W O R T

Eigentlich liebe ich das Eis. Arktis und Antarktis sind meine Welt. Dick eingemummelt dem eiskalten Wind trotzen, das gefällt mir. Doch meine Einsatzpläne als Kreuzfahrtdirektorin führten mich immer wieder auf den Amazonas, im Jahr 2003 sogar hinauf bis nach Iquitos. In drei Wochen fast 2.231 Seemeilen zurück gelegt – da blieb kaum Zeit für Ruhe zum Detail. Aber den Regenwaldvirus, den hatte ich mir mächtig eingefangen. Nun wollte ich den Amazonas richtig erleben, statt „Meilen schrubben", ein kleines Gebiet intensiv erkunden. Ich träumte von einer Abenteuerfahrt, deren Fahrplan sich täglich selbst schreiben würde. Und ich wünschte mir, das alles in einer kleinen Gruppe zu erleben, ohne Etikette und ohne Uniform.

Diesen Traum ermöglichte Moacir Fortes, den alle liebevoll nur Mo nennen: „Trixi, willst Du meine Schiffe in Deutschland vermarkten?" Mo ist ein ebenso guter Märchenerzähler wie Geschäftsmann. Ich kenne ihn seit meiner ersten Brasilienreise vor sieben Jahren. Er arbeitet als einheimischer Führer an Bord von Kreuzfahrtschiffen und betreibt als Reeder die typischen Amazonas-Schiffe. Mein „Ja!" besiegelte spontan den Beginn einer freundschaftlichen Zusammenarbeit.

Ebenso spontan verliebte ich mich in die Bilder von Rainer Ullrich. In Hamburg auf dem Museumsschiff RICKMER RICKMERS, wo ich mich als Seefrau langsam an das Landleben gewöhne, stellte Arved Fuchs mir seinen Expeditionsmaler vor; Arved wiederum kannte ich von der BREMEN und der HANSEATIC. Ulli fängt in seinen Aquarellen und Ölbildern die faszinierende Stimmung polarer Region genauso ein, wie ich sie erlebt hatte. Ich war hellauf begeistert und fragte ihn mutig „Willst Du mit zum Amazonas?" – Mit „Ja!" war Leuchten in seinen Augen.

Mit Ulli und Mo und einigen Gästen füllten sich die 24 Kojen der VICTORIA AMAZONICA schnell. Ein Film über diese Reise schwebte mir vor. Ambitioniert ging ich auf Suche nach einem Team und erinnerte mich an einen Beitrag im NDR über die RICKMER RICKMERS. Der Text hatte sich mir in das Hirn gebrannt, weil er so feinfühlig und elegant war. Diesen Redakteur würde ich gerne einfangen. Wir trafen uns zu einer Tasse Café, ich stellte das Projekt vor, und die Frage „Kommst Du mit" beantwortete Veit Bentlage spontan mit „Ja!" und das mit großer Freude.

Schnelle Wochen mit Reiseplanung, Impfungen, Absprachen und Vorbereitungen folgten. Und so spontan wie wir alle ins Boot stiegen, saßen wir im Flieger nach Brasilien. Niemand wusste so richtig, was uns erwartete. Die Zuversicht, vor Ort würde uns genügend einfallen, einte uns. Und so war es auch. Die Zeit an Bord war prall gefüllt, jeder Tag war ein Abenteuer, und die Reise im Ganzen entpuppte sich als die wohl spannendste und beeindruckendste, die ich je erlebt habe.

Dass der Traum von dieser Reise jetzt in Bildern von Rainer Ullrich – mit Fotos von Michael Marczok und Peter Weidtkamp – vorliegt, macht mich sprachlos. Und wieder hat Ulli die Stimmung des Regenwaldes so in Farbe und Strichen auf Papier gebannt, dass ich förmlich die Vögel zwitschern höre und das dicke Blattwerk streife.

Ulli ist ein Künstler par excellence. Ich wünsche ihm von Herzen, dass er mit diesem Buch viele Leser begeistert und wir bald zum nächsten Abenteuer aufbrechen, mit Menschen, die sich von dieser Geschichte haben mitreißen lassen.

Trixi Lange-Hitzbleck

Jeder Tag ist ein
Abenteuer.

Eine Philosophie,
die nicht nur im Urlaub
stimmen muss,
sondern auch unser
tägliches Leben sinnlicher
machen sollte.

Ein paar Tage
dem Alltag entfliehen, in eine Welt, die so
ur-natürlich und exotisch ist und auf
eine ganz besondere Art zu genießen ist.
Im größten Fluss der Erde,
dem Amazonas.

Fliegen wir nach Manaus,
mitten ins Amazonasbecken, ungefähr
eintausendsechshundert Kilometer von
der Atlantikküste entfernt. Wir haben
nur zwei Wochen Zeit, um von
Manaus aus die umliegende Region
mit den Menschen und der Natur
auf intensive Art und
Weise zu erleben.

MANAUS
AMAZONAS
Hotel Tropical
RIO NEGRO
MANACAPURU
RIO SOLIMÕES
LAGO GRANDE
LAGO
PIRANHA
DELFIN PIRANHA
VICTORIA AMAZONICA
IM RIO NEGRO · RIO SOLIMÕES
RIO CUIERAS · RIO JAUPERIS
RIO BRANCO

Ein Schiff liegt für unser Team bereit. Die VICTORIA AMAZONICA. Sie gehört „Mo“, Moacir Fortes, der in Manaus lebt und die besondere Reise auf dem Amazonas anbietet.

Mo ist Eigner von drei kleinen Expeditionsschiffen, die aus der traditionellen Bauart der „Gaiolas“ entwickelt wurden. „Gaiolas“ oder auch Vogelkäfige genannt, sind seit der Jahrhundertwende in jeder Größe die Transportfahrzeuge in den Wasserstraßen des Regenwaldes.

Unsere VICTORIA AMAZONICA ist etwas komfortabler eingerichtet. Für vierundzwanzig Passagiere stehen zwölf Kammern bereit. Klimaanlage, Dusche und Bad, Doppelkojen (übereinander).

Eine Köchin für vorzügliche einheimische Gerichte von Fisch, Fleisch bis zu Gemüsespezialitäten und Gebackenem. Eine Mannschaft für die vier mitgeschleppten Langboote und natürlich für den Service an Bord. Ein bisschen Luxus und dennoch nicht abgehoben. Vom Frühstück bis zum Abendessen im „Rainbow Restaurant“.

In der Mitte des Amazonasgebietes liegt Manaus. Von hier aus startet unsere kleine Expedition.

Es liegt oben im zweiten Deck achtern und bietet mit den rundherum offenen Fenstern den Fahrtwind für die frische Luft und den Blick auf die vorbeigleitenden Bananenstauden, Maniokplantagen und das unendliche Grün des Regenwaldes.

Es ist immer noch Regenzeit. Man nennt sie „springtime“, die Winterzeit, die von Dezember bis Juni dauert. Der Sommer, von Juli bis November, ist die trockene Periode, in der das Wasser langsam zurückgeht und zuletzt bis zu fünfzehn Meter niedriger ist, als in der Regenzeit. Es sind die letzten 1.600 Kilometer zum Atlantik, in denen der Amazonas seinen Namen trägt. In Manaus strömen, aus vielen Nebenflüssen gespeist, der Rio Solimoẽs und der Rio Negro zusammen.

Schon aus dem Flugzeug heraus, kurz vor der Landung, sieht man die beiden Flüsse im Zusammenlauf. Der schwarze, dunkle Rio Negro und der ockerfarbene Rio Solimoẽs, die sich wie Kaffee und Sahne lange Zeit bemühen, zu vereinen.

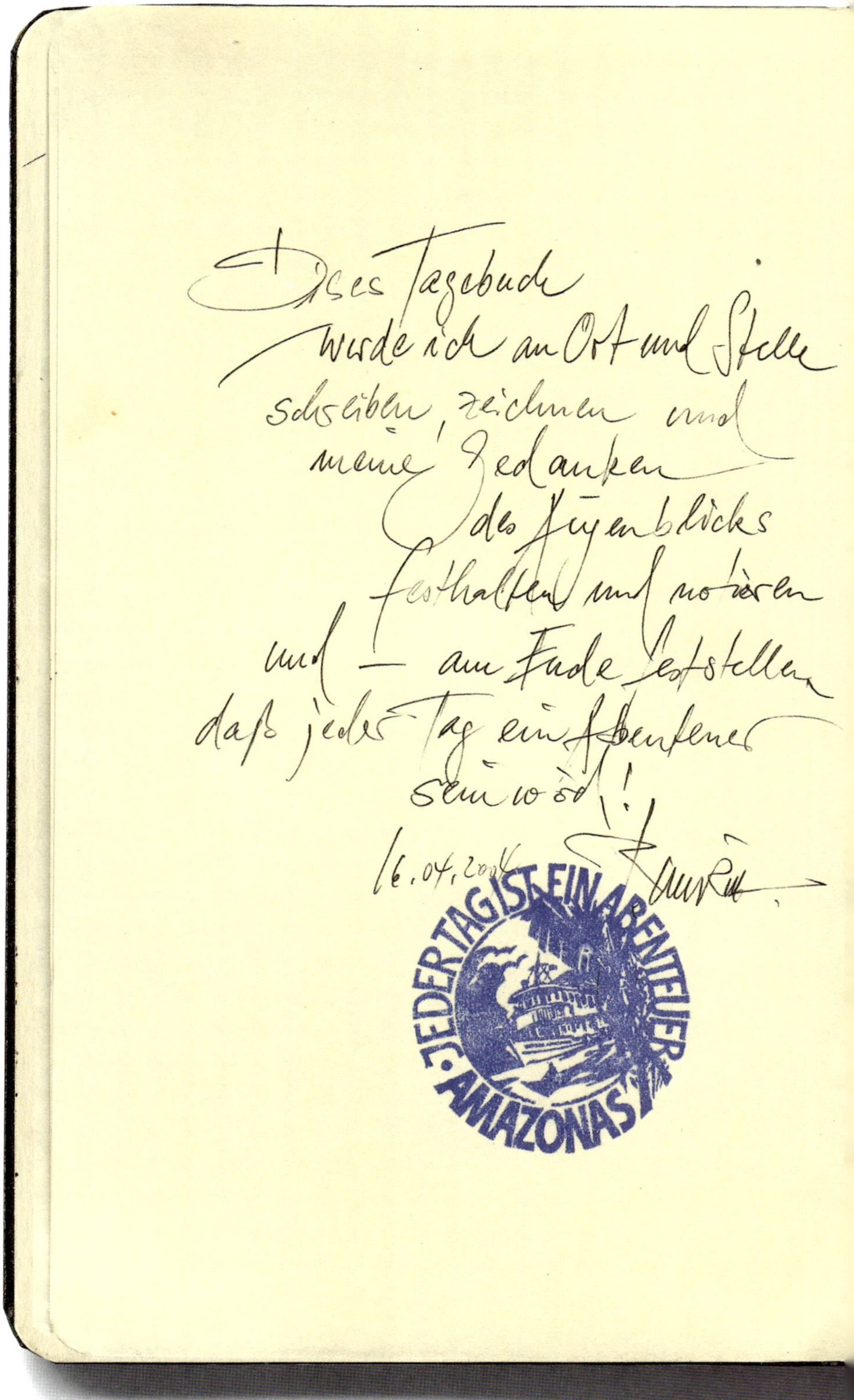
Dieses Tagebuch
werde ich an Ort und Stelle
schreiben, zeichnen und
meine Gedanken
des Augenblicks
festhalten und notieren
und – am Ende feststellen
daß jeder Tag ein Abenteuer
sein wird!
JEDER TAG IST EIN ABENTEUER
AMAZONAS

Wie schon gesagt – anfangen – um mit dem Stift eine Beziehung aufzunehmen, in der von uns beiden keiner weiß, wie sie enden wird.

Es wird gewitzelt und gelacht, jeder versucht, irgendwie den Alltag hinter sich zu lassen. Ein Foto im Flughafen von Sao Paulo zeigt alle – bis

auf den Fotografen Michael Marczok und den Kameramann Florian Pfeifer mit seinem Assi Adelair, Sonett Schmidt und Thomas Schmidt.

Artur Becker, Marion Becker,
Barbara Reckeweg-Strasdas,
Trixi Lange-Hitzbleck,
Sybille Weidtkamp, Peter Weidtkamp jr.,
Wilfried Hein, Rudi Kargus,
Heidrun Wüstefeld, Friedel Wüstefeld,
Karin Weidtkamp, Peter Weidtkamp,
Veit Bentlage, Thomas Armerding,
Rainer Ullrich, Heinz Christahl,
Holger Mittendorf

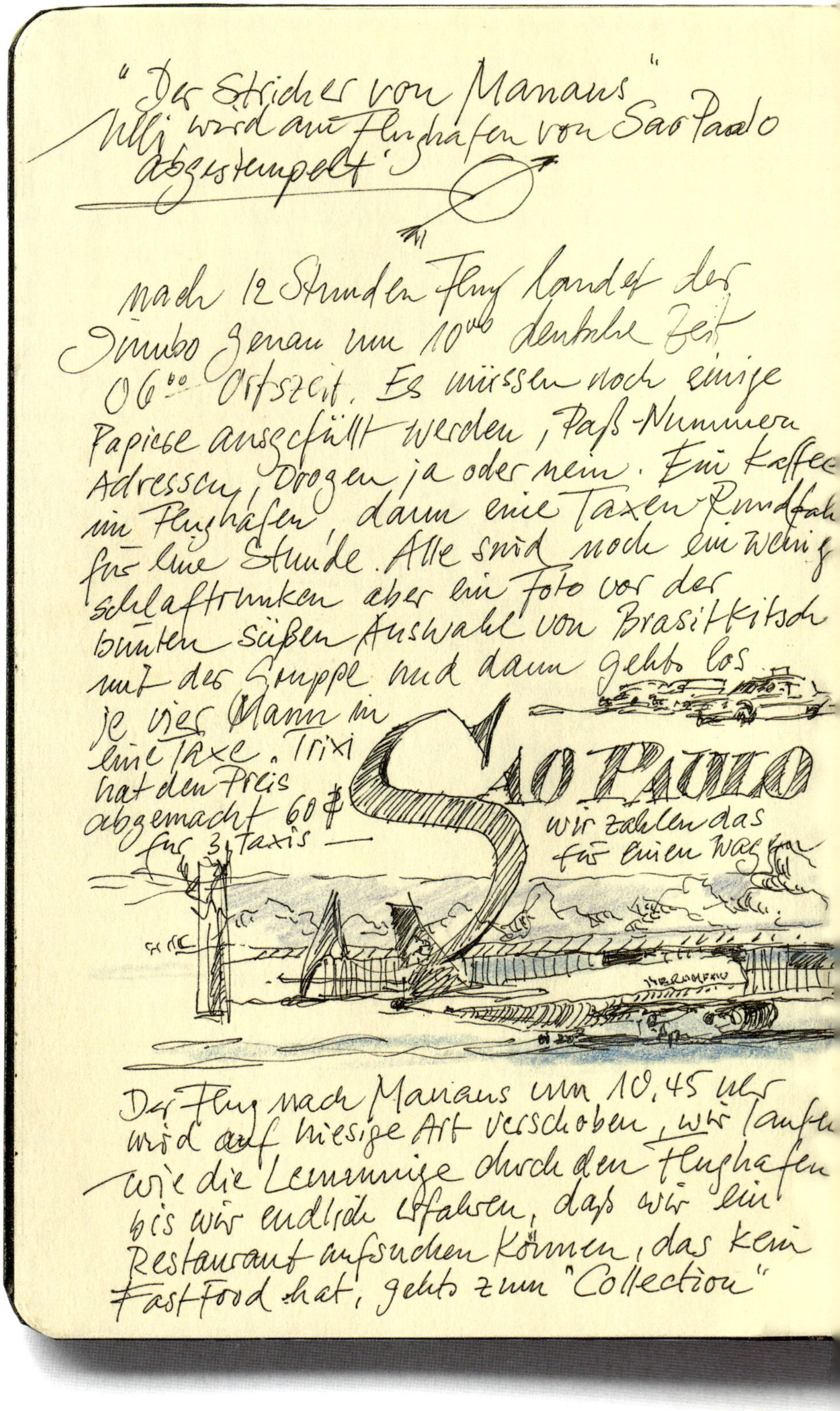

mit einem wunderbaren Buffet
das von allen ergiebig ausgekostet wird.
Traumhafte Gemüsespezialitäten
Fisch und Fleischspieße vom Feinsten
Es fehlen noch 30 Dollar …
… also Veit hat nun den Rest bezahlt und nun müssen wir damit zurechtkommen.
ich doch nicht – dreimal ist Bremer Recht……
Um 12.30 Uhr hetzen wir zum Einchecken und sitzen alle um 1300 Uhr in einer MD11
FEITA POR QUEM MAIS ENTENDE
Fluggäste suchen ihre Plätze – es wird doch voller als ich dachte.

Die erste Nacht nach Ankunft in Manaus im Hotel Tropical. Eine Anlage, etwa 18 Kilometer vom Zentrum Manaus entfernt. Wer nach dem langen Flug von Deutschland über Sao Paulo nach Manaus aus dem Flieger steigt, spürt zum ersten Mal die unerträgliche Wärme. Bis 90% Luftfeuchtigkeit und 25 bis 30 Grad Celsius. Scheinbar nicht auszuhalten nach der voll klimatisierten Reise.

Es ist auch gut so, erst mal wieder in der Hotel-Lodge gekühlt und betreut zu werden. Über ein Labyrinth von Gängen im Hotel wird das Gepäck in die Zimmer gebracht. Alles im Holz des Regenwaldes (warum sollte man auch die Fichte aus Finnland importieren). Im Stil der Kolonialzeit eingerichtet – gegen die Moskitos sind die Fenster vernetzt.

Fenster auf, ich muss die Natur spüren. Seit 18 Uhr ist es dunkel. Es geht schnell mit dem Sonnenuntergang. Eine gute halbe Stunde dauert es mit dem Zauber von Licht und Farbe, wenn nicht gerade ein kräftiges Gewitter den Himmel ganz verdunkelt.

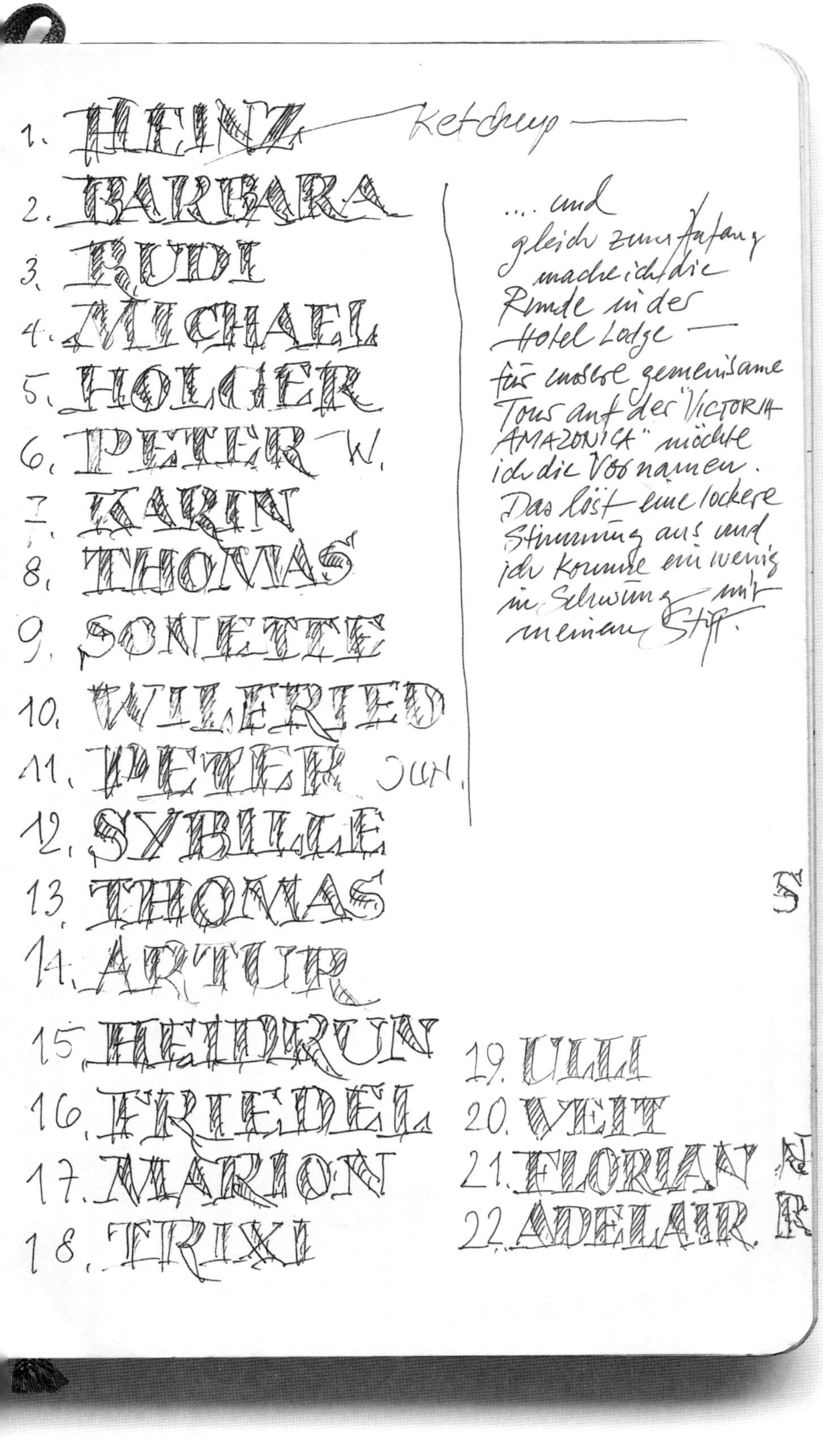

Ich teile mit Michael das Zimmer. Er zählt zu dem kreativen Team, das Trixi Lange-Hitzbleck, zusammengestellt hat. Das Film-Team: Veit Bentlage, der Regisseur – Florian Pfeiffer, der Kameramann – Adelair, der Tontechniker. Michael Marczok, der Fotograf – Barbara Reckeweg-Strasdas, die fröhliche erfahrene Kreuzfahrt-Seele und ich, Rainer Ullrich, der Expeditionsmaler.

Dieses Team begleitet Peter Weidtkamps Gruppe. Peter ist leidenschaftlicher Hobby-Fotograf und ist mit seiner gewaltigen Ausrüstung an Bord, um in Ausdauer und Liebe für den Augenblick auf den Auslöser zu drücken. Mit von der Partie sind seine Familie und Freunde, die alle erfahren sind, in Abenteuerreisen.

I ch muss sagen, dass nach einem gemeinsamen Absacker in der Hotelbar, die Nacht wohltuend und entspannend war. Das üppige Frühstücksbuffet um acht Uhr morgens, eine Märchenlandschaft fürs Auge: Früchte garniert zu Türmen, Gebäck in allen Formen und Farben. Mit Kokos, Schokolade oder gezuckert. Joghurts, Cremes, Säfte, Variationen von Wurst und Fleischpasteten, Gassen voll mit Überraschungen. Eine Qual für einen Deutschen Urlauber, denn am Liebsten isst man doch von jedem etwas.

Um 10.00 Uhr sind wir pünktlich am Terminal, unten am Wasser. Hier liegt unsere VICTORIA AMAZONICA mit ihren beiden Schwesterschiffen. Gleich daneben die Wasserflugzeuge für die Rundflüge.

Der Name des Schiffes stammt von der Victoria Regia, der großen Wasserrose, die hier im Amazonasgebiet zuhause ist. Mit ihren schwimmenden Blättern, die bis zu zwei Meter Durchmesser erreichen können, bedeckt sie riesige Flächen und bildet somit eine ganz besondere Architektur auf dem Wasser.

Die alte Brauerei aus der Gründerzeit von 1902 steht noch wie früher.

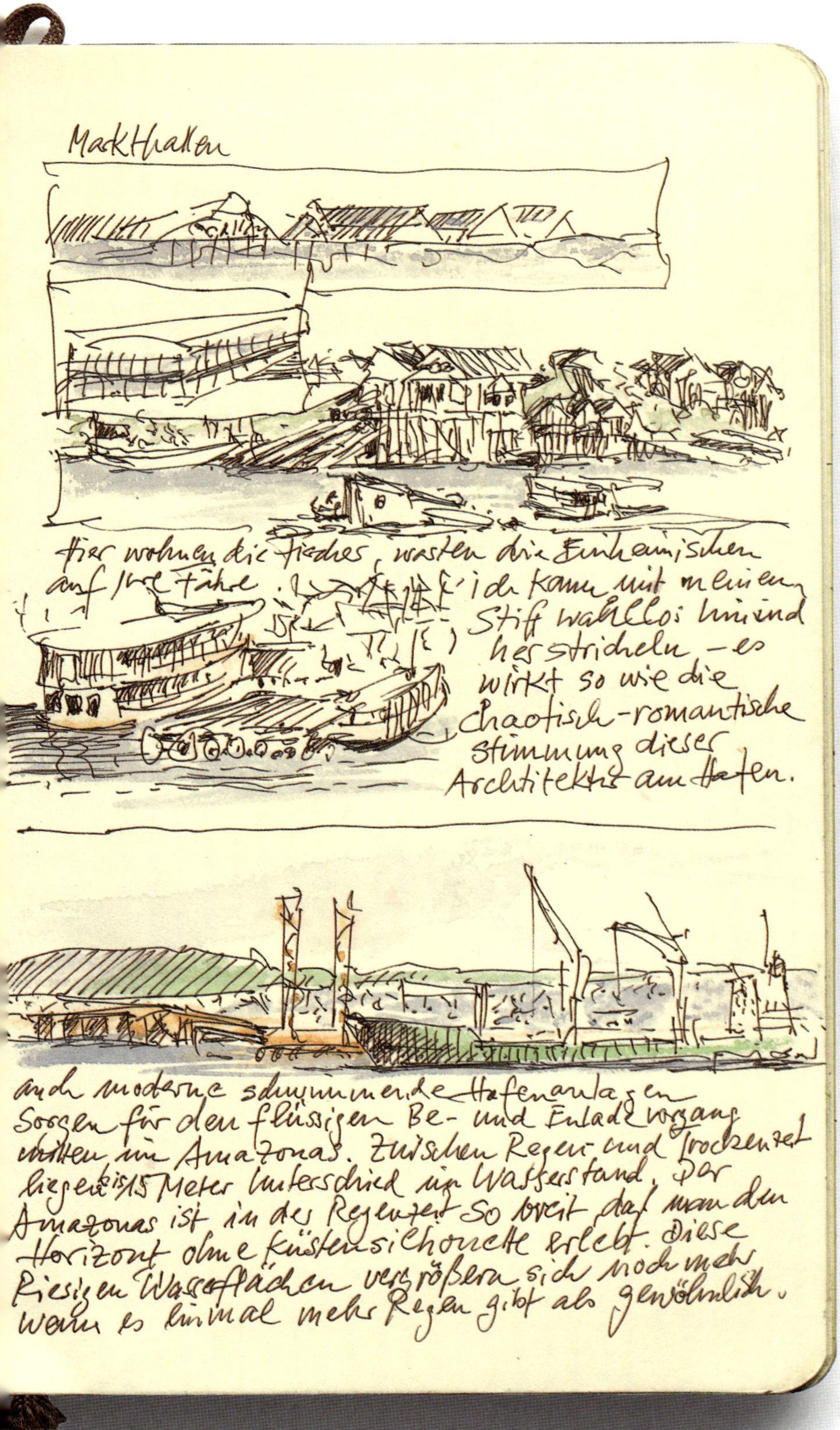

Eine Favela, eines von vielen Elendsvierteln in Manaus. Romantisch anzusehen, aber die Armut ist erbarmungslos groß – schon deswegen wird der Amazonas als billigster Transportweg genutzt.

Der Solimoẽs und der Rio Negro treffen sich um 13.1
80% Luftfeuchtigkeit – eine schwere würzige Luft

am Montag den 19. April 2004

XIBORENA (Ziborena)

ein Kanal, wenn das Wasser hoch ist, ca 7 m tief – wir laufen bei Gewitterregen durch Mandioca, gesprochen Manjokplantagen

nur 20 Meter breit ist dieser Kanal, an kleinen schwimmenden Häusern vorbei, die nur ein Jahr lang an einer Stelle liegen dürfen, sonst müssen Steuern gezahlt werden, was keiner will.

Die Nähe von Manaus ist für die Fischer und Bauern wichtig, weil früh morgens um 6 Uhr die frische Ware mit den Booten zum Markt gebracht und verkauft wird. Manjok ist die wichtigste Grundnahrung und neben Fisch und Früchten, Gemüse, Kräutern, Nüssen, Ziegen-, Schweine- und Rindfleisch gibt es alles für den täglichen Bedarf zu kaufen, in den riesigen Markthallen am Hafen von Manaus.

Mo, unser Kapitän, hat in München Deutsch gelernt und die Sprache durch viele Kontakte und Begegnungen mit deutschen Kreuzfahrtgästen vertieft. Seine kleinen Amazonasgeschichten im charmanten brasilianischen Dialekt sind immer eine stimmungsvolle Unterhaltung.

Mo junior, sein Sohn, ist eigentlich auch Schiffsführer auf einem der drei Schiffe. Aber auf dieser Tour ist er wegen dieses besonderen Anlasses mit dabei. Mo junior hat Biologie studiert und ist erstaunlich eng mit den Pflanzen und Tieren vertraut.

Er ist ein sympathischer Typ, charmant wie sein Vater.

Es ist ein ganz besonderes, aber auch sicheres Gefühl, wenn wir mit der einheimischen Erfahrung durch Mo und seine Besatzung begleitet werden. Mücken, die gefürchteten Moskitos, gibt es laut Mo um Manaus herum nicht. Als ich meine „Lariam" Tabletten gegen Malaria einnehmen will, schlägt Florian Alarm.

... „bloß nicht dieses Zeug ... zu viele Nebenwirkungen ..." Mir ist das recht, denn Medikamente nehme ich schon mein ganzes Leben nicht. Nun kann man es natürlich nicht pauschal so sehen, denn Malaria-Prophylaxe hat ihre Berechtigung.

Florian und Adelair müssen es wissen, sie leben in Rio de Janeiro, ganz oben, dort wo die Straßenbahn hinfährt.

Kaum ein Tag ohne die gewaltigen Regenschauer, die sich meistens aus den riesigen Gewitterwolken ergießen. Eine halbe Stunde später ist a…

Für die Filmarbeit wird langsam klar, dass die Kamera mich mit meinem Tagebuch begleitet. Ich werde also für diese Reise immer das Buschhemd anhaben, eine Hose in der gleichen Farbe und einen breiten Strohhut, wie der „Fitzcarraldo“ in dem gleichnamigen Film von Werner Herzog.

zurück zum Schiff um 09^{00} Uhr.
Eine Cabá, Wespe, die
an Deck an den Bananen
sich bei uns
-Standen
zum Fressen
niederläßt.
Sie ist größer als eine
normale Wespe, aber nicht
so groß, wie sie hier erscheint.
Die ganze Reise
sollen die Bananenstanden
auf Oberdeck eine leckere
Zwischenmahlzeit sein. Beim
Vorbeigehen greift jeder mal zu und es
ist nicht verwunderlich, daß sie einfach
besser schmecken als die von Waldi.

Einfach liebenswert sind diese Gaiolas. Überall fahren sie herum, als Behausung, als Fähre oder als Transportfahrzeug für alles.

auf dem Weg nach
Lago Preto – wie durch einen
Märchenwald führt der Weg in die
kleine Siedlung der Manjokbauern.
Aber die Luft ist hier noch feuchter

Lago Preto, der Besuch gilt den Maniok-Bauern. Im rohen Zustand ist sie giftig, die Maniok Wurzel. Die ganze Sippschaft ist dabei, diese Wurzeln mit der Presse von Säften zu befreien und durchzusieben. Danach beginnt das Rösten in großen Kupferpfannen. Absolut knusprig und trocken hat das Maniok eine Konsistenz wie grobes Zwieback-Mehl. Maniok in dieser Form steht bei fast allen Mahlzeiten auf dem Tisch.

Baden bei den Piranhas. Schwerelos sind auch die Gedanken, wenn wir der einheimischen Crew ins Wasser hinterherspringen – Piranhas? Siebenhundert verschiedene Fischarten gibt es in der Amazonas-Region um Manaus. Veit Bentlage hat gerade den ersten getroffen.

Um 18.00, ist der Himmel zu einem Wahnsinns Farbkonzert geworden: Rote Wolken am blauen Himmel Rosé, violett, dunkelblau, grau pink gegen die dunklen Bananenstauden an unserem schmalen Wasserpfad

Welch ein Wahnsinn, diese wunderbaren Farbenspiele in schwarz-weiß zu zeigen. Ich platze vor Ärger, hier im Boot zu sitzen und keine Pastellfarben zu haben.

Da liegt sie unsere VICTORIA. Es ist 18.15. Nur knapp eine halbe Stunde dauert der prachtvolle Zauber des Sonnenuntergangs - dann ist es langweilig grau, dann dunkel. Aber an Bord ist inzwischen unsere Köchin "Ro" fleißig gewesen. Frisches Gemüse, gedünstet, ein Auflauf aus Manjok, Succini, Paprika mit Käse-überbacken, gegrillte Hähnchen in einer feinen Sauce, gebackene Bananen, Salate, Süßkartoffeln, alles auf dem Büfett, achtern im "Rainbow Restaurant". Mit Blick auf den achteraus verschwindenden "Rio Negro". Jeder nimmt sich Besteck und Teller, stellt sich sein Menü zusammen und genießt am Tisch den Fahrtwind, der durch den Raum weht.

AMAZONAS /
Rio Negro
24. April 2004 · 11.30 Uhr · Ein dick

dianer ist gerade durchgegangen im Rio Negro
R. Unruh 04

Wir sind unterwegs, inzwischen ausgebootet, auf dem Rio Solimoẽs in den Langbooten, inmitten des riesigen Regenwaldes. Ganz schnell ist man in dieser Natur nur ein Ast, ein Blatt, ein Stengel, ein Nichts. Auf der Ducht unseres Bootes sitzend, das Skizzenbuch in der Hand, Schweißtropfen laufen unter dem Hut die Stirn runter. Über uns die Wipfel der Bäume, die bis zum Hals im Wasser stehen. Querstehende Äste fallen nach manchem Hieb mit der Machete ins Wasser, das an einigen Stellen den Himmel widerspiegelt.

Josef steht im Vorschiff. Zang zang, die Machete flitzt durch die astige Sperre, mit den Stechpaddeln machen wir eine fast lautlose Fahrt durchs Wasser. Da – Josef hebt die Hand, der Bootskörper verklemmt sich in den engen Verastelungen. Ein merkwürdiges Gefühl, sieben Meter unter uns die Baumwurzeln zu wissen. Stille – keiner atmet – ein Blick nach oben. Josef zeigt auf einen Ast, auf dem eine Schlange hängt. Eine Boa Constrictor. Wie ein Affe klettert er nach oben – nach ein paar Schubsen bewegt sich die Schlange nach unten.

Mo junior fängt sie ab, mit dem richtigen Griff hinter dem Kopf und das Schwanzende gehalten. Es darf keine Quälerei sein, denn allen ist bewusst, dass das Tier in seiner Freiheit nicht gestört werden darf. Mit unserem Besuch hier könnte man es schon anzweifeln. Aber nur wer diese einmalige Flora und Fauna des amazonischen Regenwaldes mit eigenen Sinnen erlebt und gespürt hat, begreift erst richtig, dass diese gewachsene Einheit zwischen Mensch und Natur nicht weiter zerstört werden darf.

Seit fünf Uhr sind wir nun schon unterwegs, langsam ist das Frühstück angesagt. Zurück zur VICTORIA. An Bord gibt es wieder ein schönes Frühstücksbuffet.

Frisches Obst, ein noch warmer Kuchen, gebackene Bananen, Eier und geschmortes Gemüse, Maniok, süßer und ungesüßter Kaffee, der mit Zucker steht immer links.

Den schlechtesten Ruf haben natürlich die
in Rudeln lebenden Piranhas. Ihr Gebiß
ist in der Tat furchteinflößend. Die
Ihnen angelasteten Horrorgeschichten
sind indes bei genauerer wissen-
schaftlicher Prüfung maßlos
übertrieben. Nur vier der
insgesamt 18 Arten können
Menschen gefährlich werden.
Aber nur dann, wenn diese
sich vorher verletzt haben.
Dann reißen sie ihren
Opfern mit schnellen
Attacken Fleischstückchen
vom Körper. Da der
Räuber durch heftige
Bewegungen zum
Angriff gereizt wird,
ist es ratsam, nicht
ins Wasser zu springen.
Doch kaum liegt
man still im Wasser,
beginnen auch schon
kleine Fische an der
Haut zu knabbern —
und nie wird man
das Gefühl los, daß die
Großen gierig in der Nähe lauern.
Piranhas

Amazonas 04 Immer, wenn ich diese "Gaiolas" sehe, freue ich mich über diese traditionelle Schiffbauweise, die dem Leben am Amazonas eine ganz eigene menschliche Stimmung verleiht.

Wir sind auf der Seite des Rio Solimoẽs. Es ist Mittwoch, der 21. April 2004. Jeden Morgen um fünf Uhr werden wir mit dem Stück „Brindisi“ aus der Verdi-Oper „La Traviata“ geweckt. Erinnerungen an „Fitzcarraldo“. Mo weckt uns auch schon mal morgens um vier mit dieser Arie.

Die warme Atmosphäre um mich herum lässt mich wie ein Fisch im Wasser fühlen. Kein ungemütliches aus der Koje Herauskommen. Es geht einfach ineinander über, der Gang zur Dusche, das Wasser hat so achtundzwanzig Grad, dann der Blick durch das Moskitonetz nach draußen. Es ist noch dunkel, denn jeden Morgen steigt die Sonne erst um sechs Uhr über den Horizont, drei Grad südlich der Äquatorlinie.

Mit den Booten geht's zu den Piranhas. Der Himmel macht heute einen satten, regnerischen Eindruck. Gewitterwolken hängen schon früh über uns.

Mo hat seine Angel mit Fischresten bestückt und ... zuck ... schon wieder ein Piranha. Sie haben in der Hochwasserzeit viel zu fressen und sind deshalb auch nicht aggressiv. In der Sommerzeit dagegen, wenn das Wasser nur noch in kleinen Rinnsalen die Fische einsperrt, dann sind sie wie ihr Ruf. Sie fressen alles, was ihnen fressbar erscheint.

Ein paar Sardinen sind auch im Fang und so kommt heute eine Menge Fisch an Deck.

Es ist immer eine angenehme Freude, wenn es zum Mittagessen zurück an Bord geht.

Rosangela, unsere Küchenperle, hat wieder gezaubert. Erstaunlich, was aus der kleinen Pantry so viel Leckeres für zweiundzwanzig Personen auf das Buffet gestellt wird.

Frische Säfte, gebackene Süßkartoffeln, Maniok, geschmortes Gemüse, Paprika, Zwiebeln, Bananen, gebackenes Huhn, Lamm in einer herrlichen köstlichen Sauce, Ananas, Kürbis. Dazu der Blick über die Palmen und die vielen unbekannten Gehölze.

Ab und zu ein Ruf ... „Da sind wieder zwei Aras ...“ Sonst sind Vögel nur selten zu sehen, sie sitzen versteckt im unendlichen Grün.

Um 15.00 Uhr sind wir wieder unterwegs, in unseren acht Meter langen Booten. Die Kamera mit Florian und Adelair im ersten Boot. Die Mannschaft hat schon vor dem Essen mitten in der Regenwaldwildnis etwas Ungeheuerliches entdeckt.

An einer dicken blauen Leine ist ein Fluss-Delphin gefangen. Man findet ihn ganz selten, den Rosa Delphin, er steht unter Artenschutz. An seiner Schwanzflosse ist er schon von Piranhas angefressen.

Vielleicht hat ein einheimischer Wilderer die Beute für sich sichern wollen. Jetzt sind wir da. Richtig anstrengend ist es, das das Tier von den vielen Knoten zu befreien. Nach fast einer viertel Stunde kann der Delphin seine Schwanzflosse noch einmal zum Dank aufs Wasser schlagen. Er verschwindet zwischen den zahlreichen Bäumen in seine Freiheit.

Mo klatscht in die Hände und wir jubeln alle, als hätte jemand ein Tor geschossen. Denn einer weiß was von Toren. Rudi Kargus, ehemaliger HSV-Torhüter, ist mit uns auf der VICTORIA AMAZONICA. Er ist ganz gerührt von dieser Befreiungsaktion.

er sich sein Wasser wieder zurück in den Regenwald.

Die VICTORIA geht wieder zum Ausgangspunkt zurück. Aus dem Rio Solimoẽs durch den Zusammenfluss zwischen „schwarz und weiß“ zurück nach Manaus.

Der Morgen ist warm. Die VICTORIA legt an – mitten im Getümmel von Gaiolas, Kähnen, Kanus mit langschäftigen Außenbordern, die kein Getriebe haben und mit drehender Schraube aus dem Wasser herausgehoben werden müssen. Mit dem Vorstewen an einen Ponton, dort geht eine Leine rüber. Dann ein Reifen vorn an die Seite gehängt und das Gangwaybrett hineingesteckt – die Verbindung zum Land.

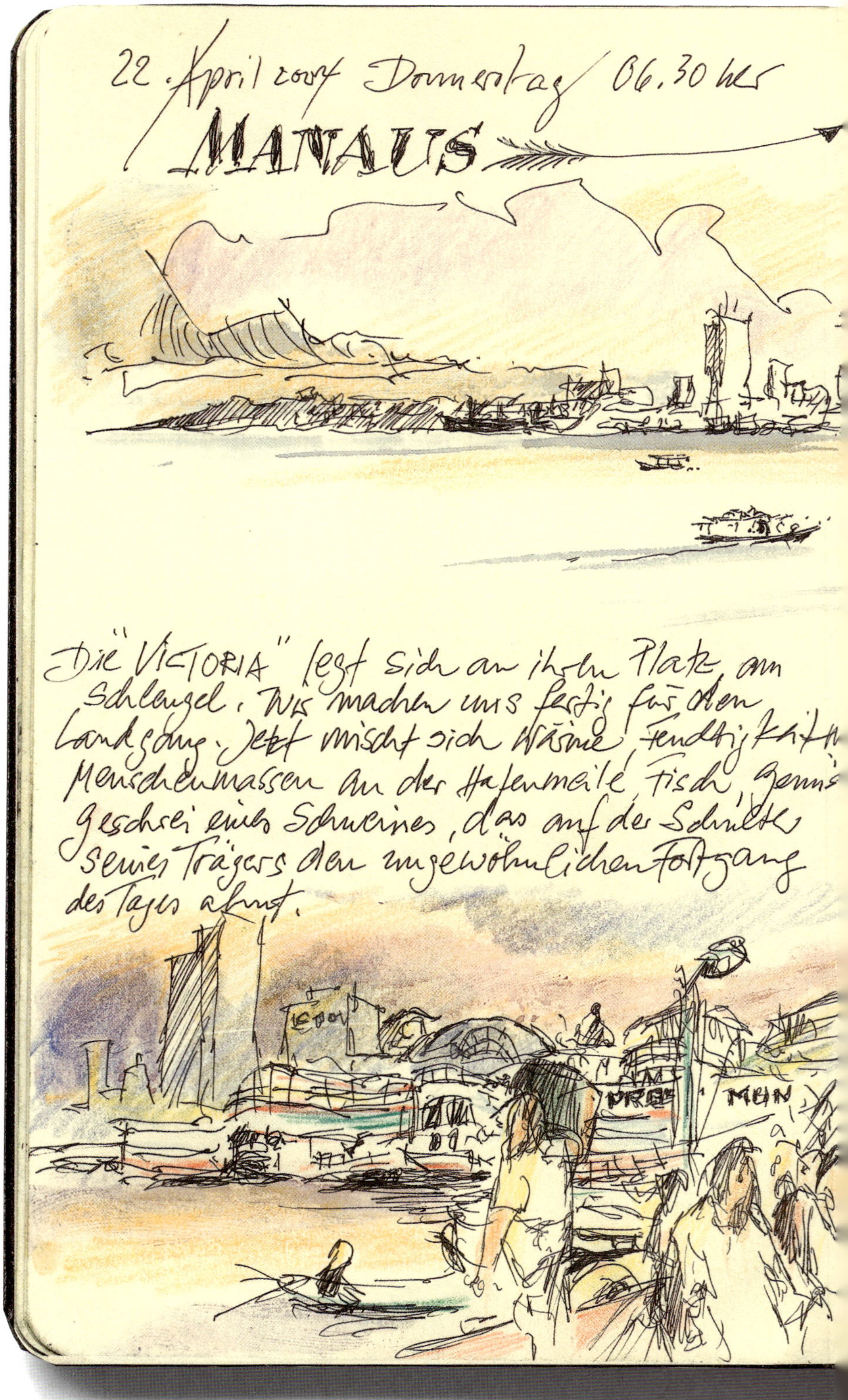

Tuckern der Motoren, das Rufen der Händler dort oben auf der Beton-Promenade am Markt. Dumpfer, warmer Geruch von Bananen, Fisch, geräuchertem Fleisch, Schreie von einem Schwein. Ich drehe mich um, suche die Richtung. Da – zwischen den „Vogelkäfigen“ sehe ich einen Träger, das Schwein auf der Schulter, er verschwindet hinter den Schiffskörpern – die Schreie höre ich noch lange.

Es ist eine Exkursion durch Manaus angesagt. Eine Gruppe geht mit Mo auf Sightseeing-Tour, das Kamerateam mit Veit, Florian und Adelair wird die Markthallen und den Hafen aufs „Korn“ nehmen.

Ich will mir doch noch ein wenig Zeit nehmen, für Skizzen und die Eindrücke, die mich faszinieren. Mo meint aber, ich solle nicht allein unterwegs sein und gibt mir Beatrice an die Seite, nur zur Sicherheit. Sie ist Brasilianerin und kann auch ein kleines bisschen englisch. Sie gehört zur Besatzung, ist für den Service zuständig.

Eintauchen in das morgendliche Treiben in dieser Hafenidylle. Auf der Suche nach Schatten zieht es mich in die Markthallen, aber hier steht die Luft im dichten Gedränge zwischen Menschen, Fisch und Fleisch, Gemüse, Kräutern und gackernden Hühnern. Es ist kaum auszuhalten und trotzdem hält mich diese fröhliche Stimmung fest. In einer freien Ecke suche ich mir einen sicheren Platz zum Zeichnen. Beatrice immer neben mir, wohlwissend, dass ein unachtsamer Augenblick mich in eine knifflige Lage bringen könnte.

Alles ist hier frisch, ich sehe keine Fliegen oder irgendein Ungeziefer. Männer und Frauen in blauen Kitteln sind mit Besen und Wasser ständig um die Sauberkeit bemüht

Da hinten entdecke ich Florian und Veit. Mit der Kamera mittendrin in einem Kräuterstand. Florian unterhält sich auf portugiesisch, hat somit immer den besten Kontakt zu den Einheimischen. Viele kennt er schon von früheren Drehterminen.

Zwischendurch mal wieder ein dicker Schauer. Die großen Regentropfen prasseln laut oben auf die Dächer, draußen werden die Marktstände mit Planen abgehängt, drinnen herrscht jetzt noch größeres Gedränge.

Aus den englischen Gießereien importiert in der Kautschuk-Zeit der Jahrhundertwende 1904 die Markthallen hier am Hafen.
09.30 Uhr
DERBY
RUA DOS BARES
Es ist 10°° Uhr am Donnerstag 22. Ap
Ich habe das Gefühl von Mittag, der Hafen beginnt sich wieder zu leeren, der Fisch ist in den Hallen schon längst zu den neuen Besitzern übergegangen, das Schwein hat zwei Mitleiden bekommen und ist auf der Heckplattform einer Fähre unterwegs.
BIG LANCHE

Wie aus Eimern rauscht der Regen in Bächen durch die tiefen Rinnen zwischen den Markthallen hindurch. Aber es dauert nicht lange und es ist wieder still. Eine dumpfe feuchte Brise zieht durch die Hallen. In den Gassen wieder Musik. Calypso-Klänge aus einem Lautsprecher, der auf dem Dach eines alten VW-Busses montiert ist. Der Fahrer macht eine Ansage, gibt Neuigkeiten vom Tage durch: Hühnerfleisch zu einem günstigen Preis und dann die Frage an das Volk auf der Straße … „Wie ist es mit Samba … Leute … wollt ihr das hören …" „Ja – wir wollen" die Menschen jubeln, freuen sich und die Musik zieht weiter um die nächste Straßenecke.

Florian hat mir das übersetzt und meint, es sei hier die Tageszeitung für die Menschen von außerhalb, die mit ihren Booten zum Markt kommen. Sie erfahren so immer die wichtigsten Neuigkeiten. Wenn für sie dann der Tag zuende geht, ist manchmal der Verdienst nur so groß, dass es gerade für den Sprit nach Hause reicht. Irgendwo draußen, am Rio Negro. Aber das Strahlen in ihren Augen sagt genug, sie nehmen das Leben wie es ist.

Schon kommt wieder ein Lautsprecherwagen um die Ecke. Die Musik bringt die Hüften ins Schwingen und irgendwie schwinge ich mit und meine Zeichnungen wollen gar nicht enden. Beatrice tippt mich an, zeigt auf die Uhr, sie muss zurück zum Schiff. Ich treffe mich mit dem Kamerateam noch einmal in der Markthalle.

Es macht mich schon ganz wahnsinnig, es sind die Schiffe … die Schiffe an den Pontonanlagen dort im Hafen. Sie sind wie Lebewesen, man kann sie nur lieben, diese Gaiolas in ihren traditionellen Formen, dem kräftigen Sprung. In den offenen Decks sieht man die Mannschaften in den Hängematten dösen, ein paar junge Brasilianer springen in den Amazonas und baden zwischen den Schiffen.

Es ist 18⁰⁰ Uhr, Donnerstag, 22. April.
Nach einem gewaltigen Regenschauer, den wir beim Essen in der Markthalle überstehen, ist die Luft noch schwüler. Veit sieht den richtigen Hut für mich, er schenkt ihn mir und drückt mir den Strohhut auf den Kopf mit den Worten ... "mach weiter so – Fitzcarraldo"
Zurück an Bord. Im Hafen ist Ruhe eingekehrt, das heißt, die Fähren und kleinen Transportschiffe fuhren wieder zurück in die Seitenarme des Amazonas, in den Rio Negro oder Solimoes.
Unsere "VICTORIA AMAZONICA" bringt uns einige Meilen westlich rauf in den Rio Negro. Mo erklärt uns, daß wir es heute wieder schwer haben werden, eine Mücke zu fangen.

Mit dem Kanu gleiten wir in einen Seitenarm des Negro. Eine Dschungelnacht bricht an. Ein Zirpen und Quaken, Zirren und Rufen hüllt uns ein. Es ist so lautlos das Fortbewegen, daß niemand etwas flüstern mag. Eine Mücke streift mich, sie läßt sich wirklich nicht fangen.

Die Lücken am Anleger werden größer und auch wir gehen mit unserer VICTORIA AMAZONICA auf dem Rio Negro westwärts in einen Seitenarm. Es wird dunkel ab 18.30 Uhr. Mit dem Scheinwerfer auf die Baumkronen gerichtet, gleitet VICTORIA am Rand des schwarzen Flusses entlang. Der Scheinwerfer ganz oben auf dem Brückendeck ist sehr wichtig, denn es gibt keine beleuchteten Tonnen, geschweige denn, überhaupt irgendwelche Seezeichen. Entgegenkommende Schiffe machen sich mit ihren starken Lampen bemerkbar, manchmal ist es auch nur das einzige Licht, das von ihnen zu sehen ist.

Wichtig ist eben, dass man gesehen wird. Es sind aber auch andere Gefahren, die große Aufmerksamkeit in der Nacht verlangen. Treibende Baumstämme, riesige Inseln von Gras und Baumwurzeln und auch unbeleuchtete kleine Boote.

Meine Lieblings-Schiffe.
Wenn es Nacht wird – auf dem Amazonas, dann
denn es gibt keine Fahrwasser u.

Eine GAIOLA schiebt sich durch die Nacht.
nd die Gaiolas mit Scheinwerfern unterwegs
ken, dort, wo die Bäume bis zum Hals im Wasser stehen

Ein Besuch bei Alberto am frühen Morgen. Er ist hier an diesem Platz geboren, vor 69 Jahren. Stolz zeigt er uns seine Hütte, die natürlich inzwischen mal wieder neu gebaut wurde. Die Region hier heißt PAGODAO. Von hier aus werden wir mit unseren Langbooten durch das überschwemmte Waldgebiet fahren. Überschwemmt heißt, dass die Bäume bis zu ihren Kronen im Wasser stehen.

Außen eine harte Schale und innen eingebettet in einer weichen Hülle befinden sich die Paranüsse.

08:20 Verlaufen – 90° Luftfeuchtigkeit
Viele Wege verzweigen sich
einen Moment kommt
Verlorenheit auf. Es gibt
keinen eindeutigen
Punkt für uns.
aus allen Richtungen
kommen
Vogelschreie
Die frisch befreite
Paranuss schmeckt
wie Kokos
die
Mischlinge aus
Indianern und
Portugiesen heißen
Caboclo
die Frau
Cabocla
Alberto

Kein Lüftchen Wind, spiegelglatt ist die Wasserlandschaft. Schwarze Gebilde abgestorbener Bäume, die sich zu bizarren Monumenten verdoppeln, verspiegelt, verschmolzen mit den Wolken am Himmel. Mit unseren Stechpaddeln gleitet das Boot durch diesen Spiegel und niemand wagt etwas zu sagen, denn selbst flüstern scheint zu laut. Ein Reiher steigt auf, Vogelschreie, die Wassertropfen unserer Paddel machen die einzigen fremden Geräusche. Dass man sich in diesem Gewirr von Baumstämmen, Ästen und unendlichem Wasser überhaupt zurechtfinden kann, das ist für uns alle immer wieder verblüffend. Ganz dunkel wird es über uns, ein Blätterdach, undurchdringlich für Licht und Sonne.

Etwas Unheimliches in dieser Stimmung. Aber es gibt keine gefährlichen Tiere in diesem Gebiet, die uns etwas anhaben könnten.

Wir hören Kinderstimmen. Aus einem Seitenarm heraus kommen zwei winzige Kanus, gepaddelt von kleinen Mädchen und Jungen, die wie die Alten elegant und sicher an uns vorbeigleiten. Wir alle genießen diese Einsamkeit und die Ruhe noch eine Weile.

Unsere VICTORIA erwartet uns eine halbe Meile weiter, die Boote werden wieder achtern angebunden. Die nächsten Eindrücke genießen wir auf dem Oberdeck, jeder zieht sich zwischendurch eine Banane von der Staude wie von einem Automaten.

Angenehm der leichte Luftzug an Deck, das Schiff macht eine leichte Kurve nach Steuerbord, läuft auf einen kleinen weißen Strand zu.

Im Hintergrund Hütten mit Palmendächern, einige sind noch im Bau. Der Vorstewen schiebt sich in den weißen Sand. Ein kurzer Besuch bei einer Familie aus Sao Paulo, die hier ein Indianerdorf aufbauen will und sich hiermit ihren Lebensunterhalt verdienen möchte. In dieser handwerklich schön gebauten Anlage werden dann Touristen für eine Weile ein echtes Indianerleben führen können.

Mo meint, sie werden es nicht leicht haben, Gäste zu bekommen, aber wer diesen Platz gesehen hat, wird ein Paradies entdecken.

Ausgestiegen aus dem Lehrerberuf für ein Leben im Regenwald. Gerade mal fünf Tage alt ist das Baby, die Arbeit wartet nicht.

Es soll ein Indianer Camp werden in 3 Wochen will er's eröffnen.
Figur 1
Die Dächer werden mit Palmenblättern gedeckt Handwerklich einfach und gut.
Es hält sechs bis zehn Jahre.
Fig 2
Fig. 3 auf Dachlatten genagelt

Ein paar Meilen weiter bringt uns die VICTORIA zu einer weiteren Hüttenanlage. Sie gehört Mo. Hier werden wir heute einen Amazonasabend verbringen.

Ein Streifen weißer Sand, ein kleiner Terrier, der sich über die Ankunft des Schiffes freut, eine große offene Hütte mit einem Palmendach, ein Grillplatz und eine kleine Brücke zu einem Anlegeplatz für das Schiff. Auch ein Paradies. Auf dem Grill ein Tambaqui, Steaks, Hühnerfleisch, Maiskolben, Bananen, gekühltes Bier, Wein und Säfte mit viel Eis. Die Nacht wird stockdunkel.

Im Schein des Lagerfeuers erkennt man Indianerschmuck auf unseren Köpfen. Mo hat sie verteilt und irgendwie ist es dann auch viel leichter, die Hüften mit den Calypso- und Samba-Rhythmen in Schwung zu bringen.

Wir fühlen uns wie zuhause und ich habe nicht einmal Bedenken, wie die Besatzung barfuß herumzulaufen.

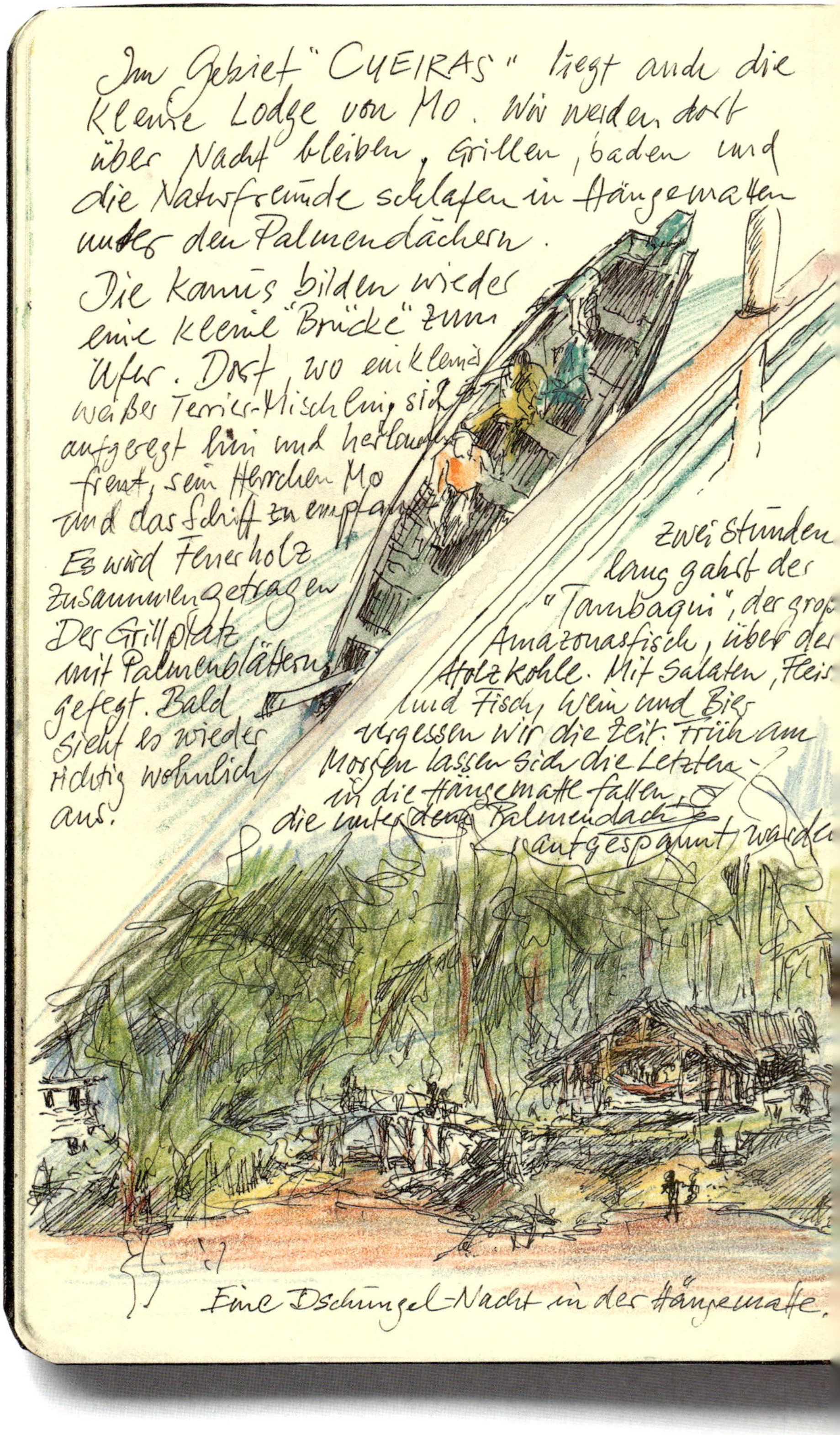

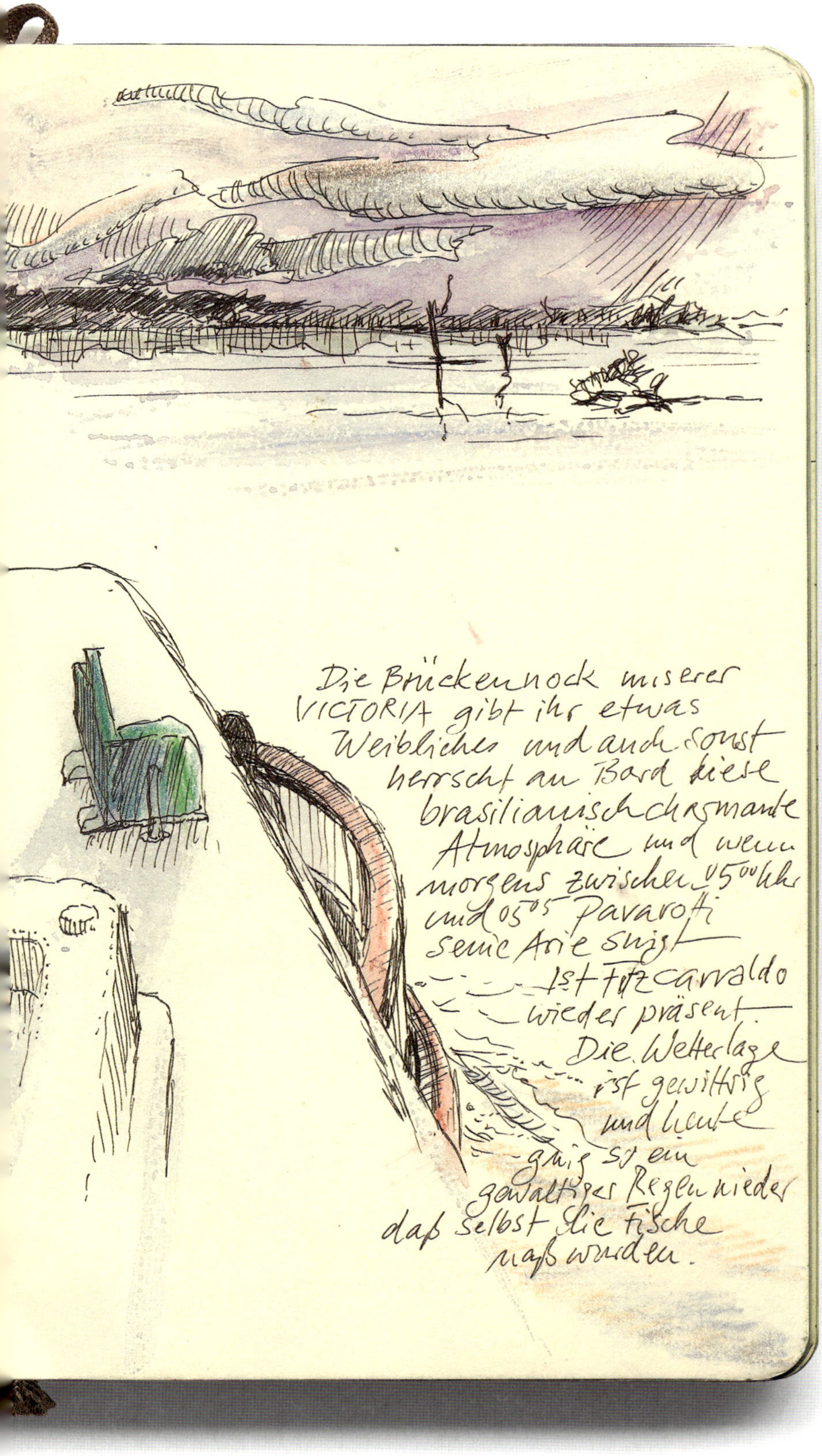

Lange nach Mitternacht gehen die letzten Müden in die Koje. Ich lege mich in die Hängematte unter das Palmendach. Mit Heinz, Barbara und Thomas sind wir die einzigen Freiluftschläfer. Nur mit T-Shirt und kurzer Hose wird es gegen Morgen doch etwas kühl, die Hängematte über mir etwas zusammengezogen, so ist es auszuhalten.

AMAZONAS Rio Negro, die Gaiolas sind Tag und Nacht unterwegs zu d

insamen Wohnplätzen des Einheimischen

Wir erfahren eine ständige Ortsveränderung. Das Schiff verlässt unseren Nachtlagerplatz. Die Reste unserer Party sind wieder weggeräumt. Frühstück um 6.00 Uhr, man kann sich daran gewöhnen, das Klima erfordert das frühe Aufstehen. Es wird zu heiß in den späten Vormittagsstunden und im Laufe eines langen Tages.

NOVA AIRAO, ein Dorf am Rio Negro. Den Rosa Delphin wollen wir hier sehen, an diesem Platz ist er häufig zu finden und nicht nur das. Ein kleines Mädchen, namens MARISA, damals fünf Jahre alt, hatte sich mit den Rosa Delphinen angefreundet. Irgendwie muss sie etwas Besonderes ausstrahlen, eine tiefe Verbindung zu den Tieren haben.

Heute ist sie fünfzehn Jahre alt und mit einem Sprung ins Wasser, ein paar Rufen, kommen sie tatsächlich angeschwommen, drehen ihre Runden und warten darauf, dass MARISA ihnen die Piranhas zu fressen gibt, die MO ihr zuwirft.
Bis in die siebziger Jahre waren diese Delphine noch unbekannte Wesen in der breiten Öffentlichkeit. Erst JACQUES COUSTEAU hatte sie in den 80er Jahren auf einer Amazonas-Expedition entdeckt. Besonders hübsch sind die fast blinden artgeschützten Tiere nicht. Mit ihrem besonders ausgeprägten Sonarsystem können sie sich aber sehr gut in dem dichten Unterholz der überschwemmten Wälder orientieren.

Sonnabend 24. April 2004 im Cueiras Revier / A
zum Wasserfall. Drei Stunden durch dichten
Spielt ein Delfin mit einer Papayafruc

zonas. Es ist 10.40 Uhr wir machen einen Ausflug
wald während "VICTORIA" am Uferrand festgemacht hat,
. R. [illegible]

Um Manaus herum
soll es allein sieben-
hundert (700) Fischarten
geben. So ist es nicht
verwunderlich, daß der
Fisch auch zu einer der
wichtigsten Nahrungs-
quellen zählt.
Daß der
fast blinde
Fluß-Delfin
unter Artenschutz
steht, scheint
manchen
Jäger nicht
zu stören.
Paolo...
...ein Fische

Wieder ist Calypso-Musik in der Luft. Die Klänge kommen aus den großen Boxen der schwimmenden Bar, bringen ein paar Fischer und Jugendliche zum Tanzen. Ich schlendere weiter, unsere Gruppe ist unterwegs ins Dorf. Hier gibt es Straßen und somit auch Autos, Motorräder, unterwegs auf dem festgefahrenen roten Sand. Diese unruhige Geräuschkulisse mag ich überhaupt nicht mehr und außerdem ist es viel zu warm hier.

Mich zieht es wieder ans Wasser, unsere VICTORIA liegt an einem Werftplatz, auf dem ein neues, etwas größeres Schwesterschiff gebaut wird. Die Rumpfform wie die GAIOLAS, in Mahagoni auf Spanten gebaut. Die Aufbauten, die Decks ebenfalls in Holz, aber mit Fiberglas überzogen. Dementsprechend ist der Kunststoff-Geruch um diesen Neubau herum. Er nimmt dem Charme eines Holzschiffes fast alles. Aber es ist auch praktisch für den Bereich der Nasszellen und der Decks. Der Innenausbau wird schließlich wieder in Mahagonihölzern die warme Atmosphäre bringen.

Für Schmiedearbeiten wird die Holzkohle in kleinen Meilern selbst hergestellt.

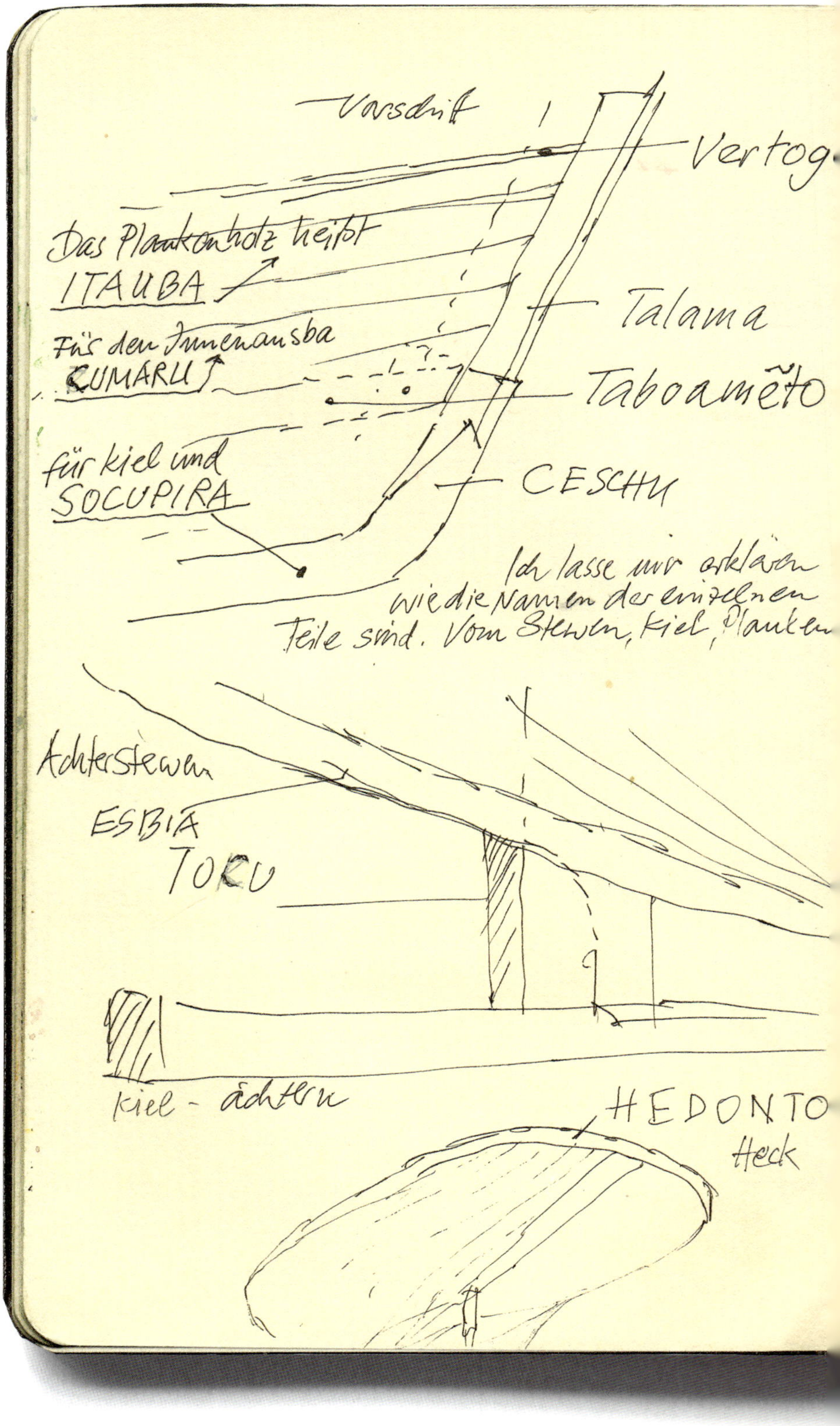

Auf dem kleinen Schiffbauplatz, gleich nebenan,
wo auch das neue Expeditionsschiff von "Mo" gebaut
wird, stehe ich an einem Neubau. Der Rumpf einer
GAIOLA, wie sich die Schiffstypen hier nennen.
Natürlich können die beiden Schiffbauer kein
englisch. Aber, wenn man das Handwerk kennt
und die Zusammenhänge per Handsprache zu einer
Kommunikation werden, dann fühle ich mich überhaupt
nicht fremd hier.
ein schönes Gefühl.

Der Bootskonstrukteur
JOSA DOTRA FARIES
und sein Gehilfe
JOSE MENDES

sie schreiben mir ihre Namen ins Skizzenbuch und
freuen sich mit mir.

Auf diesem Werftplatz will mein Auge überhaupt nicht stehen bleiben. Zu viele schöne Schiffe und die Schiffbauer halten mich fest. Ich fühle mich wie auf einer Werft bei uns im Norden.

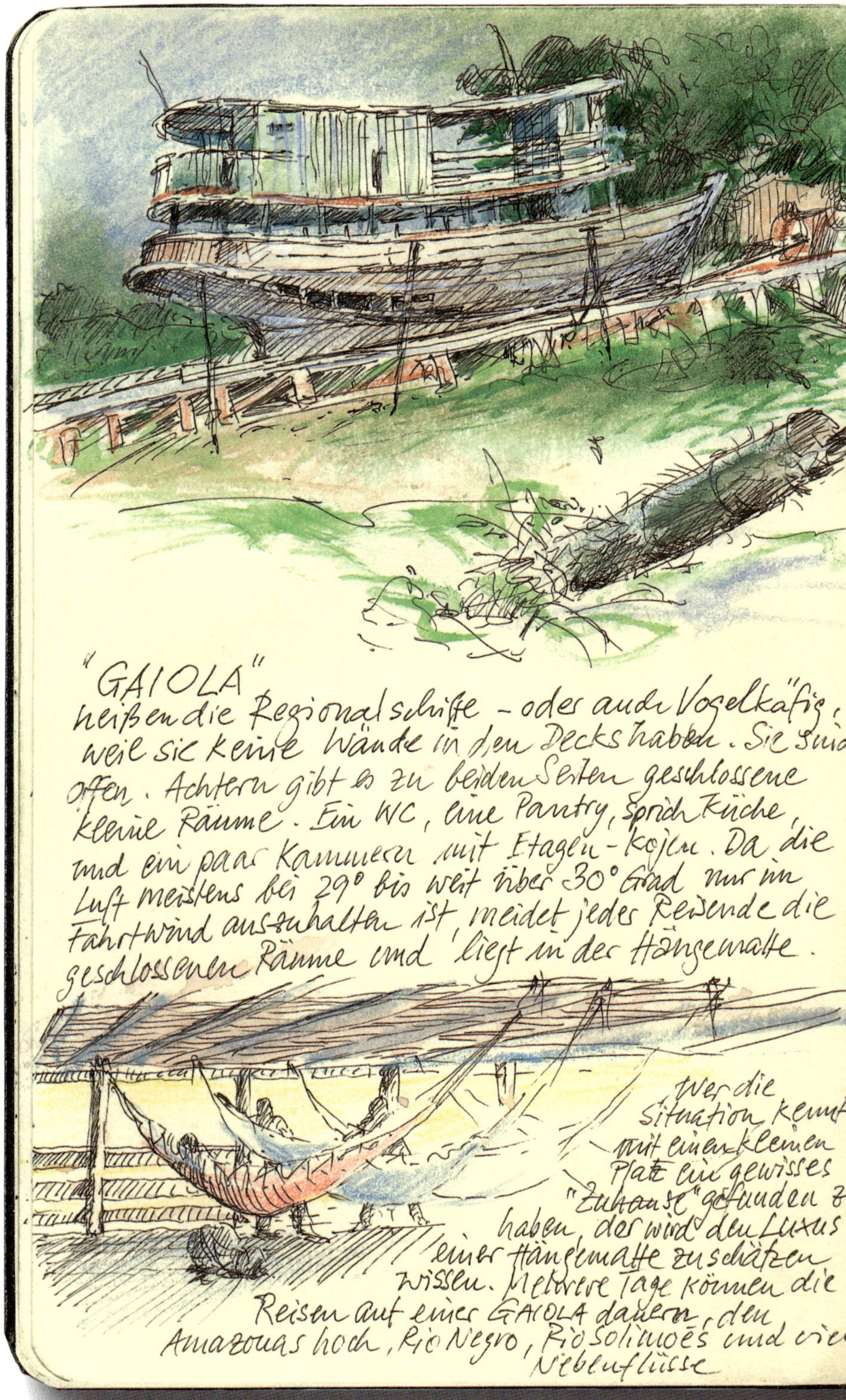

Meine Frieda von Hadersleben hätte ich jetzt gerne hier, um wieder ein paar Erneuerungen machen zu lassen.

Viele solcher Schiffbauplätze gibt es hier im Amazonas-Revier, weil das Baumaterial gleich vor der Tür liegt. So ähnlich muss es früher bei uns im Ostseeraum gewesen sein, viel Holz für viele Schiffe. Wie mag es wohl in hundert Jahren hier aussehen?

Der Dorfkern ist mit breiten Asphaltstraßen linear durchzogen. Flache Bungalows, gemauert oder aus Holz, eine kleine Arena für die Stierkämpfe, eine Schule, eine Trafostation mit einem lauten Stromaggregat davor. Ein Bus hält. Es steht Manaus hinter der Frontscheibe. Offene Seitenfenster, hinter Vorhängen blitzen die weißen Augen, etwas müde wirken die Reisenden, gleich geht es weiter, eine Tagesreise in die Metropole.

Wir sind zum Essen verabredet im Restaurant DAWIO. Eine lange Veranda, offen, ohne Scheiben, ein langer Tisch, Bänke, links am Ende die Küche. An holzgefeuerten Herden steht die ganze Familie und bereitet das Essen für uns vor.

Mo hat uns angemeldet und wir dürfen einmal einen Blick in den Hof werfen.

Heute ist ein großer Tag für dieses Haus, denn so schnell kommen wohl nicht mehr als zwanzig Leute auf einen Schlag zum Essen. Eine große Portion Fisch, gebratenes Huhn, natürlich Maniok und Gemüse. Bei der Wärme ist ein halbes Bier genug und auch der Hunger ist schnell gestillt.

Die fürsorgliche Nähe der Gastwirtsfamilie ist rührend. Fröhlich, freundlich, zurückhaltend sind sie bemüht, uns zufrieden zu stellen.

Rosangela, „Ro“ fühlt sich in ihrem Element. Achtern auf der Backbordseite ist ihr Revier, die Pantry.

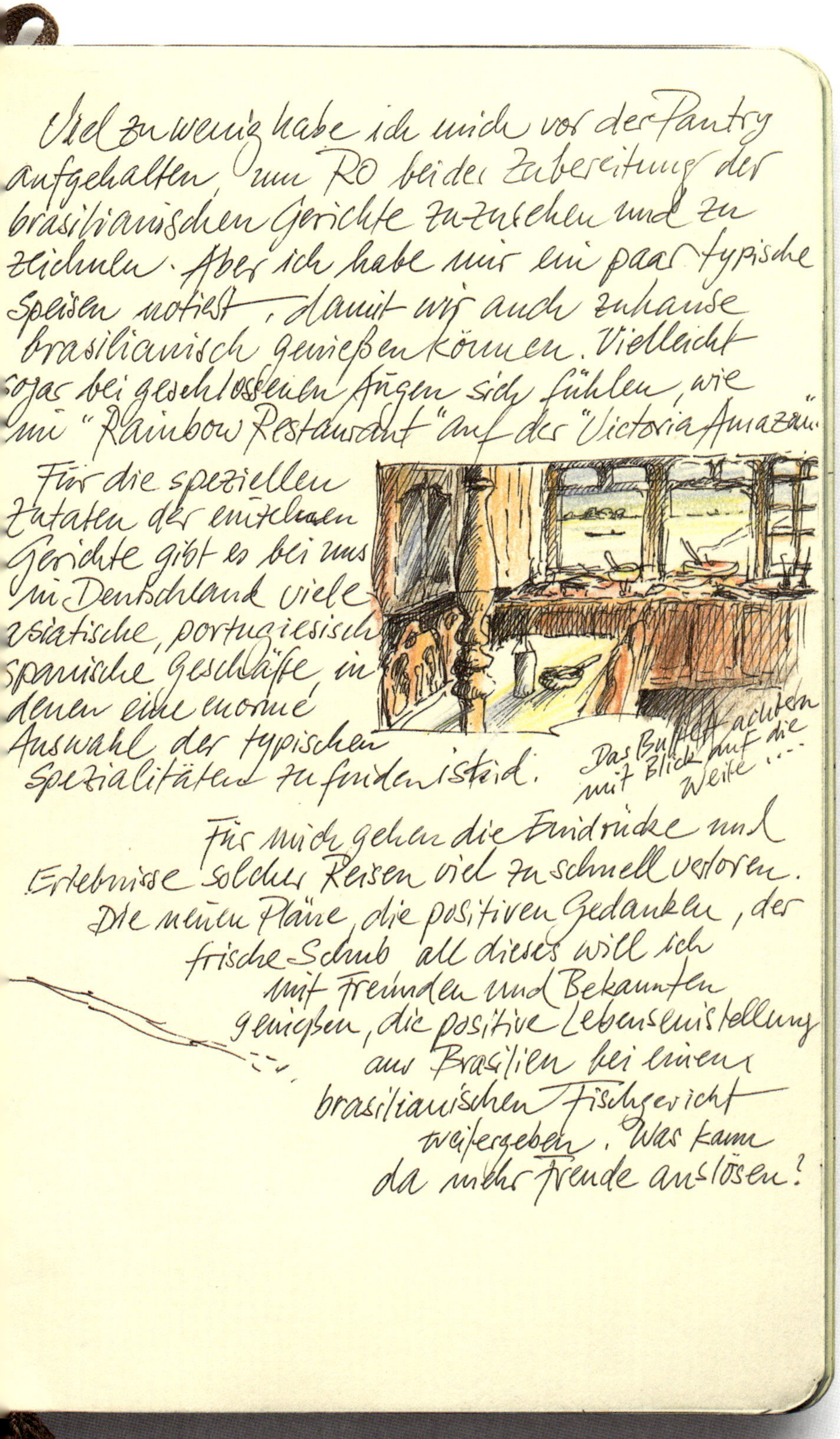

Mit Liebe zubereitet, mit Liebe serviert. Beatrice im RAINBOW RESTAURANT achtern mit dem wunderbaren, freien Blick, der sich ständig verändert, auf den Amazonas.

Brasilianische Erinnerungen aus der Pantry

1 Moceca de Peixe
Fisch in Palmöl

für 4–6 Personen

(Filets o. Gräten)
1 kg Fisch in Scheiben
1 Zitrone (Saft)
1 Tasse Kokosmilch
1/2 Tasse Palmöl

Für die Gewürzpaste:

2 Tomaten
1 große gehackte Zwiebel
2–3 Knoblauchzehen
1 Bund Cheiro Verde (Gartenkräuter)

z.B. Petersilie, Koriander, Thymian usw.

Den Fisch säubern, mit Zitronensaft beträufeln und abtropfen lassen.

Für die Gewürzpaste zerkleinerte Tomaten, Zwiebel, zerdrückten Knoblauch, gehackten Cheiro Verde, 1 Tel. Pfeffer und 2 Tel. Salz mit einander vermischen.

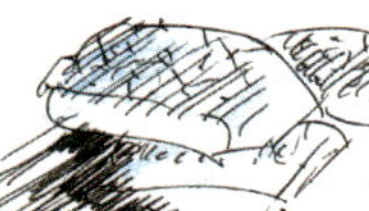

Den Fisch damit einreiben und mindestens 1 Stunde ziehen lassen.

Den Fisch mit der Marinade in eine große Deckelpfanne geben, die mit einer Tasse Wasser vermischte Kokosmilch und das Palmöl darübergießen. Deckel drauf und bei starker Hitze den Fisch etwa 20 Minuten weichkochen. Danach weitere 15 Min. leicht köcheln.

Beilagen: weißer oder gewürzter Reis und eine **Pfeffersauce.**

Auch kleine gewürfelte Kartoffeln können zugegeben werden.

2. Molho de Pimenta

100 g Malaguetta Pfefferschoten
2 Zwiebeln
1 Knoblauchzehe
2 Limonen
2 EL Olivenöl
1 Bund Petersilie
1 Bund Korianderblätter
Weinessig

Zwiebeln, Knoblauch und 1 Teel. Salz mit Limonensaft und Öl in einem Mörser zerdrücken. Gehackte Petersilie, Koriander und Pfeffer hinzufügen. Alles nochmal zerdrücken und ziehen lassen. Nach Geschmack mit etwas Essig verlängern.

Man glaubt es nicht – aber es ist ein einfaches, wunderbares Fischessen für eine Runde um den Topf... und wenn man zu allem noch die Pavarotti Arie Brindisi aus La Traviata hört, dann kommt der Amazonas-Virus durch.

5. und dazu einen

Caipirinha

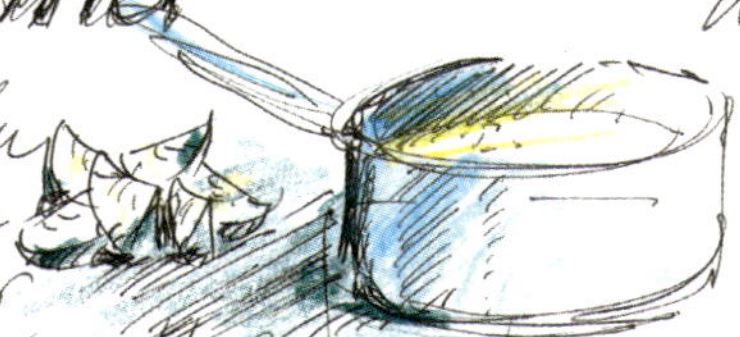

1 Limette achteln in einem starken Glas oder Mörser mit ca 2 EL. Rohrzucker stampfen. 1 Schnapsglas Cachaça und zerkleinertes Eis dazugeben. schütteln.

und an den Amazonas denken

Gewürzter Reis Arroz Temperado 3.

Für 6 Personen

1 Tasse Reis
2 EL Olivenöl
1/2 gehackte Zwiebel
Knoblauch
2 Tomaten
2 Tassen heißes Wasser

Öl erhitzen und die Zwiebel darin andünsten. Etwas Knoblauch und in Scheiben geschnittene Tomaten zufügen. Reis zufügen und unter ständigem Rühren glasig werden lassen.

1 Teel. Salz zugeben und das Wasser zugießen. Topf schließen und den Reis bei schwacher Hitze bzw. abgeschalteter Herdplatte ausquellen lassen. So bleibt er trocken und körnig.

Zarte Rindfleisch-Scheiben Bifé 4.

2–3 dünne Scheiben pr. Person

Knoblauch
Öl
Zwiebeln

In Brasilien 1 bis 2 cm dicke Rindfleisch-Scheiben ca. 8 cm lang. Wird in den "oberen Etagen" gegessen.

Das Fleisch mit einer Mischung aus Knoblauch, Salz und Pfeffer einreiben und kurz einwirken lassen. In einer Pfanne mit wenig Öl so stark erhitzen bis es zu rauchen beginnt. Die Fleischscheiben nacheinander von beiden Seiten einige Sekunden anbraten, der Boden der Pfanne soll fast trocken sein. Fleisch rausnehmen. Mit wenig Wasser den Bratensatz lösen und alle Fleischscheiben hineinlegen. Mit den letzten Scheiben die Zwiebelringe im Bratensatz schmoren.

und zum Abschluß ein

6. Maracuja Sorbet
Sorvete de Maracujá

1 Dose gezuckerte Kondensmilch
– die gleiche Menge Fruchtsaft Konzentrat Maracuja
1 Dose Creme de leite

Alles in einem Mixer verquirlen und in der Kühltruhe gefrieren lassen

VICTORIA aber wartet schon wieder auf uns. Es ist wirklich ein heißer Tag heute und wir alle sind froh, dass der Fahrtwind an Deck eine erfrischende Abwechslung bringt. Zwischendurch wird wieder eine Banane von der Staude gezogen.

Der Fluss ATURIA ist das Ziel. Er hat etwas Besonderes. Es ist ein saures Gewässer, mit einem PH-Wert von 3,7.

Ein Schaumteppich mit einer ungewöhnlichen Struktur überzieht die Wasseroberfläche. Es wirkt gespenstisch, unnatürlich und doch ist es eine natürliche Entwicklung.

Der hohe Säuregehalt und die goldene Färbung derartiger Flüsse stammt von den winzigen Mengen an Humusstoffen, die das Wasser aus den Schichten von abgestorbenen Pflanzen im Wald und den Hochmooren aus den Tafelbergen herauslaugt.

An den Stellen, wo weißer Sand das Wasser rotorangefarbig aussehen lässt, wirkt die Natur total unwirklich. Wir sind mit den Langbooten wieder flussaufwärts unterwegs. Die Außenbordmotoren müssen ran, denn nur mit aller Kraft lassen sich die Barrieren aus Ästen und Stämmen überwinden. Bis es wirklich kein Durchkommen mehr gibt.

Mit der Axt sind innerhalb von fünf Minuten die dicken Hindernisse durchschlagen und beiseite geräumt.

Über uns zieht mal wieder ein Gewitter auf. Bald wird es losgehen. Wir lassen uns auf einem sandigen Flussufer häuslich nieder. Feuerholz wird gesammelt, begleitet von einem prächtigen Sturzregen, der nach einer Viertelstunde wirklich alles unter Wasser gesetzt hat. Trotzdem, Feuer muss sein und das Holz ist nur außen nass. Ein Topfgalgen hält die mitgebrachte Hühnersuppe über dem Feuerplatz, was will man mehr.

Die Crew baut auf die Schnelle einen Tisch. Die Teller werden mittels Spiritus zu einem Flammenzauber. Steril und sauber für den Eintopf.

Sechs Monate müssen die Bäume warten, bis sie mit ihren Wurzeln wiede

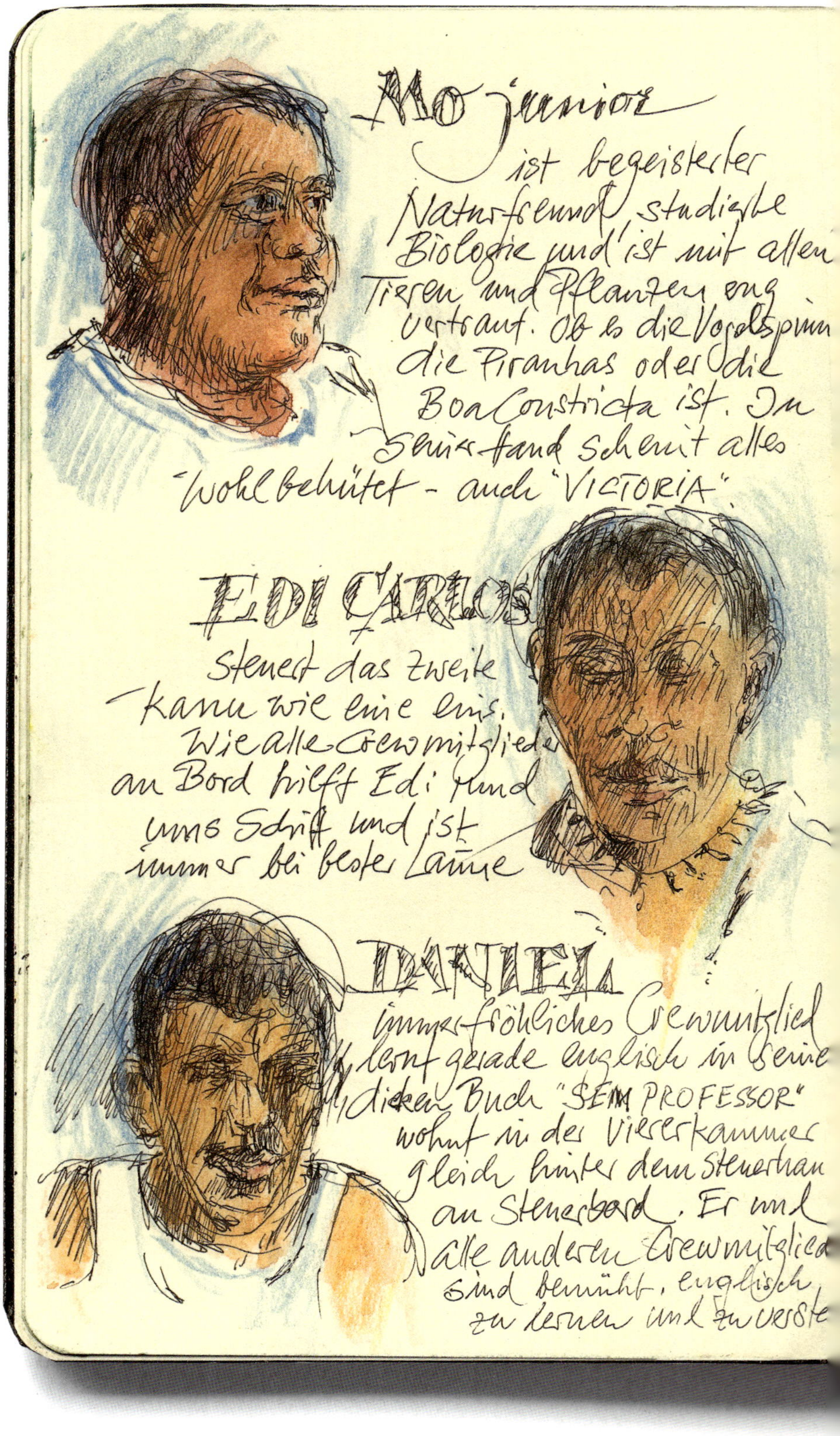
Mo junior
ist begeisterter
Naturfreund, studierte
Biologie und ist mit allen
Tieren und Pflanzen eng
vertraut. Ob es die Vogelspinne
die Piranhas oder die
BoaConstricta ist. In
seiner Hand scheint alles
"wohlbehütet" - auch "VICTORIA".
EDI CARLOS
steuert das zweite
Kanu wie eine Eins.
Wie alle Crewmitglieder
an Bord hilft Edi rund
ums Schiff und ist
immer bei bester Laune
DANIEL
immer fröhliches Crewmitglied
lernt gerade englisch in seinem
dicken Buch "SEM PROFESSOR"
wohnt in der Viererkammer
gleich hinter dem Steuerhaus
an Steuerbord. Er und
alle anderen Crewmitglieder
sind bemüht, englisch
zu lernen und zu verste

Zurück zum Hauptstrom Rio Negro. Piranhas sind am Haken. Es ist komisch, solch einen Räuber plötzlich in der Hand zu haben. Mo junior erklärt uns die Unterschiede zu den 18 verschiedenen Arten. Nur vier von ihnen können dem Menschen gefährlich werden und auch nur dann, wenn dieser sich vorher verletzt hat. So sind die Horrorgeschichten über die schlimmen Piranhas maßlos übertrieben.

Dennoch, wenn ich beim Baden mit den Füßen irgendeinen Fisch berühre, ist mir doch etwas komisch zumute. Das sichere Gefühl in so einer Situation kommt dann von unserer Crew, die schließlich selbst im Wasser schwimmt.

AMAZONAS Rio Negro
Piranhas fressen
Wenn das Wasser des Amazonasstromes immer weiter zur
kleine Seen übrig, in denen die Fische ihre Nahrung finde
die Piranhas wie die Hyänen hinter allem her. Selbst die

geht, in der Trockenzeit, dann sind nur noch
müssen. Wenn es dann keine Reserven mehr gibt, dann sind
nen Kollegen werden zu Opfern. Hier sollte das Baden verschoben werden.

Wir sind auf dem Weg zu einem der größten Regenwaldbäume in dieser Region, einer CEIBA. Spürbar grüner, saftiger ist dieser Ort. Lianen hängen aus dem dichten Blätterhimmel herab, fleischige Blütenblätter mit einer klebrigfeuchten Schicht, Wurzeln, über die ich ab und zu stolpere. Für die Kamera machen wir einen Gang durch dieses dichte Blätterlabyrinth. JOSÉ vor mir, schlägt mit der Machete den Weg frei. Sie ist so scharf, dass der kleine JOSÉ gar keine große Kraft anzuwenden braucht. Mit dem ersten Schwung gleiten die Lianen, Zweige, Blätter einfach zur Seite. Sie nimmt mich völlig ein, diese Atmosphäre. Plötzlich verkeilt sich mein linker Fuß zwischen zwei Wurzeln, kein Halt in diesen Blättern, nur JOSÉ. Ich stürze nach vorn, die schmalen Hüften von JOSÉ gegriffen und wir beide fallen in diese große ungeschnittene Blätterwelt. Alle müssen wir furchtbar lachen. Neue Einstellung.

Am CEIBA Baum angekommen wirkt es wie eine Mauer vor uns. Erstaunen über die hohen schmalen Brett-Wurzeln und den gigantischen Umfang. Wie hoch mag er sein. Vierzig, sechzig oder achtzig Meter? Er ist jedenfalls Heimat für viele Tiere, die hier miteinander und voneinander leben.

Eine Vogelspinne hat ihr vernetztes Reich gleich direkt neben einem Termitennest eingerichtet.

In einer Wurzelhöhle hat Mo junior eine Kolonie von Fledermäusen aufgespürt. Das Geheimnis, diese Tierwelt im Amazonas zu entdecken ist ... Geduld. Scheinbar haben wir sie gerade. Es dauert aber nicht lange, wir müssen dem Zeitplan folgen.

Holger Mittendorf hat keine Angst vor dieser etwas unheimlichen Besetzung.

VICTORIA wird uns in Richtung Manaus zu einem schwimmenden Markt bringen. FLORESTA heißt dieser Platz. Ostwärts geht es den Rio Negro entlang. Kleine Boote begegnen uns, offene Kanus mit Familien. Eine kleine Gaiola, bis zum Deck abgeladen mit Früchten, Mais, Maniok und Kürbissen auf dem Weg zum Markt. Hütten auf der Backbordseite verraten, dass wir demnächst anlegen werden.

Auf dem Anleger zieht ein kleiner Junge ein Kanu zur Seite. Mo ruft etwas nach unten, die Leinen werden angenommen und irgendwie zwischen den Fußbodenplanken verknotet. Es riecht nach Diesel. Ölige Flecken, Fässer, eine Styroporkiste mit Eis, darauf Fisch, ein halbes Schwein, unter einer blauen Plane eine Maschine, ein sechszylinder Mercedes. „Kapuuut..." sagt ein junger Brasilianer zu mir. Er zeigt uns vorauseilend einen kleinen Raum, offen zur Seeseite. An der Wand gegenüber feinsäuberlich aufgehängt Körbe, Macheten, Alutöpfe, Emaillegeschirr, Werkzeuge. Alles, was ein einfacher Haushalt in einer Regenwaldhütte braucht.

Es ist die Küche, und es ist nichts, was man kaufen kann.

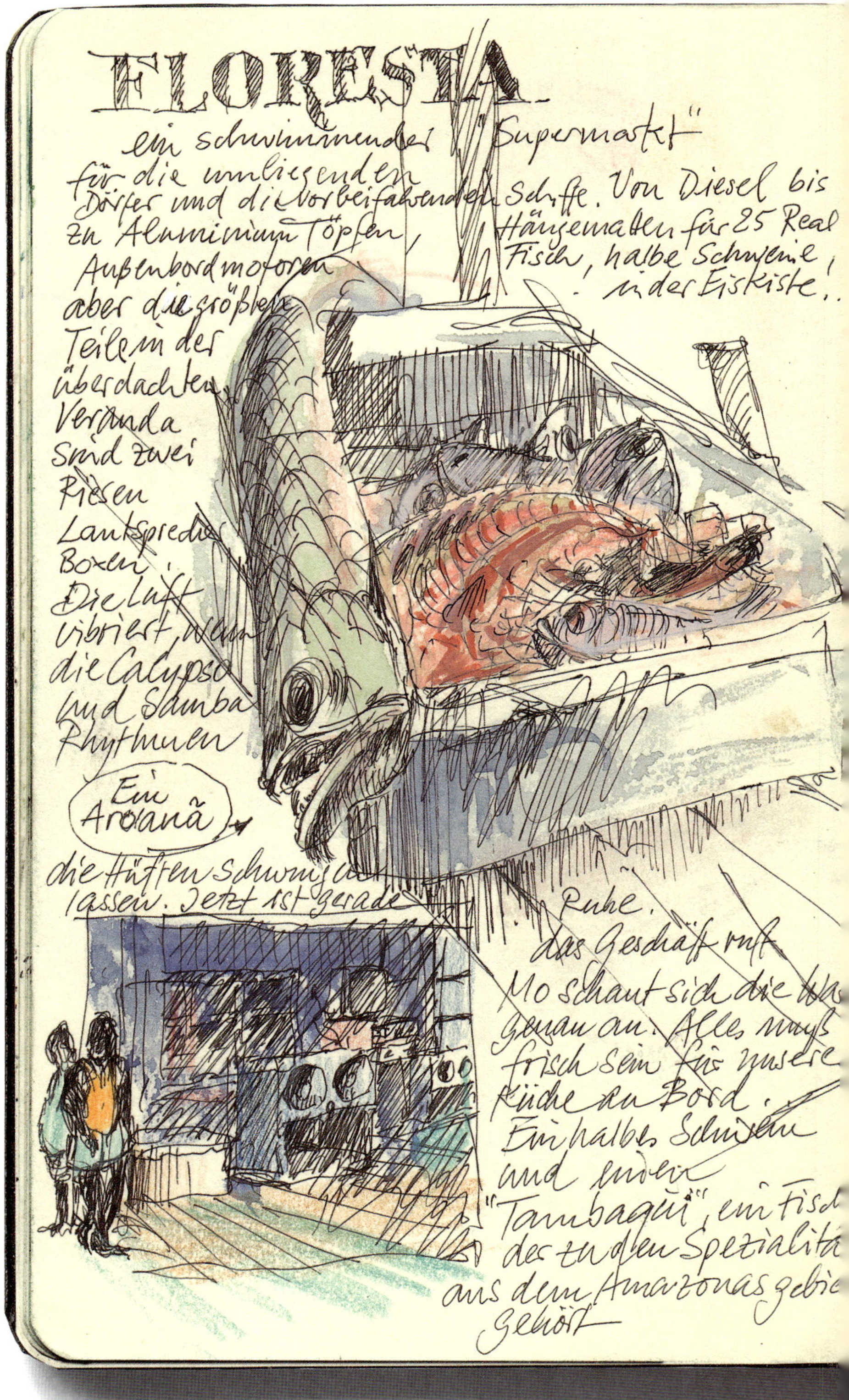

Es hat sich gewaltig verdunkelt. Ein Gewitterregen setzt ein, unter dem Wellblechdach wird es laut, meine Blicke streifen nach draußen, den Horizont kann man nicht sehen.

IWAN "Machete"
drahtig, flink und
schnell mit der Machete
wenn es durch den
Regenwald ging. In der
Crew immer mittend
Die Mannschaft wohn
im Oberdeck hinter
dem Ruderstand.

Hinter uns, an Land, eine kleine Farm. Rinder, Schweine, Ziegen Hühner. Wie in Irland sieht es aus, das satte Grün vom Gras, die Silhouette der Bäume, das Licht.

Mo hat inzwischen das halbe Schwein aus der Eiskiste gekauft, ein paar Fische, Gemüse. Das macht die Speisekarte zu einem Vergnügen. Es gibt immer alles frisch im Rainbow Restaurant.

Wer vierzig Dollar hat und die Möglichkeit, die Fracht nach Hause zu befördern, kann hier sofort zum Schiffseigner werden.

RO-SANGELA
Die gute Küchenfee Ro kocht jeden Tag mit viel Kreativität die leckersten brasilianischen Köstlichkeiten an Bord der Victoria A.
RO
BEATRICE
Immer in bester Laune ist Beatrice an Bord für den Service beim Frühstück zum Mittagessen, zum Kaffee, für die Wäsche die Kammern, zum Abendessen und auch noch an der Bar. Für die vielen Caipirinhas und das ANTARCTICA Bier.
Für mich immer eine schöne Erinnerung an die Nordost-Passage mit Arved Fuchs.
Das Bier hieß allerdings "ARCTIKA"

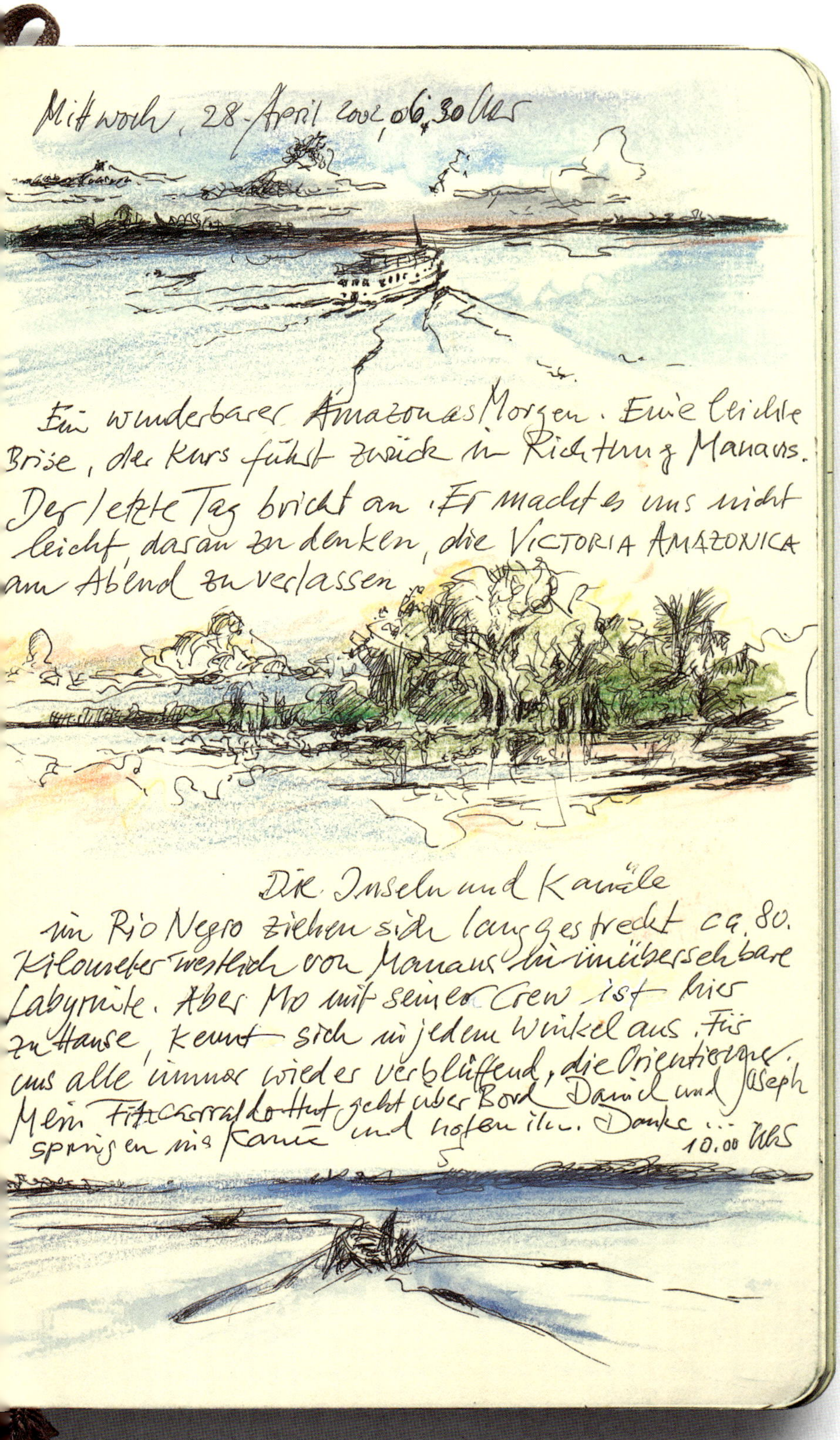

Es ist 6.00 Uhr am 28. April.

Ein klarer Sonnenaufgang, im Osten spiegeln sich ein paar Wolkenfelder im glatten Strom des Rio Negro. Unsere VICTORIA gleitet dem doppelten Horizont entgegen. Heute Abend werden wir wieder Manaus anlaufen. Für uns an Bord ist der Gedanke, das Schiff zu verlassen, mit etwas Wehmut verbunden. Zum letzten Mal hören wir Pavarotti, die Fitzcarraldo-Atmosphäre wird uns noch einmal in der Oper von Manaus begegnen, wenn wir mit dem Kamerateam das faszinierende Kulturdenkmal von 1896 betreten werden.

Obrigado – danke Mo und danke an die Crew!

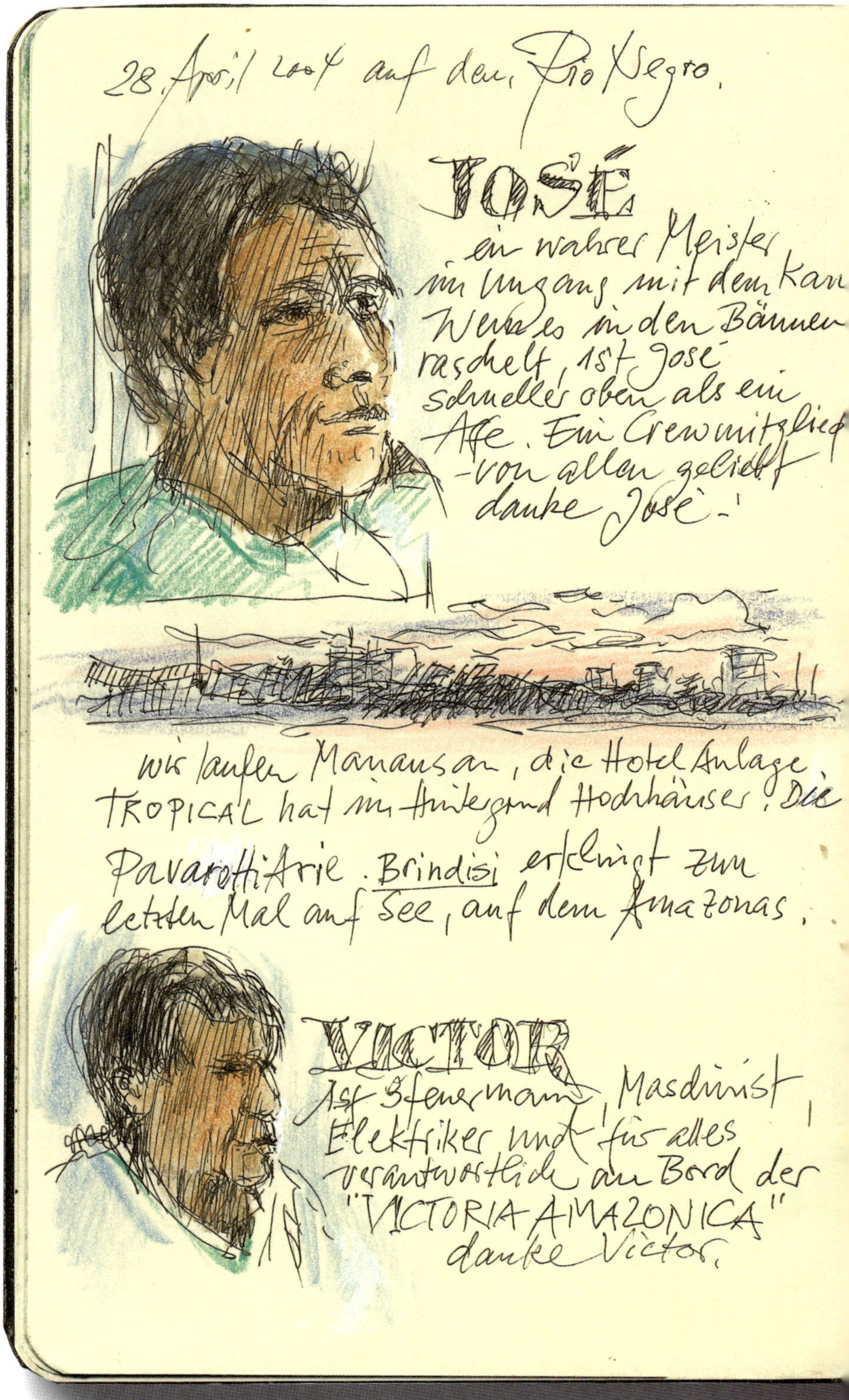
28. April 2004 auf dem Rio Negro.
JOSÉ
ein wahrer Meister
im Umgang mit dem Kan
Wenn es in den Bäumen
raschelt, ist José
schneller oben als ein
Affe. Ein Crewmitglied
- von allen geliebt
danke José!
wir laufen Manaus an, die Hotel Anlage
TROPICAL hat im Hintergrund Hochhäuser. Die
Pavarotti Arie. Brindisi erklingt zum
letzten Mal auf See, auf dem Amazonas.
VICTOR
ist Steuermann, Maschinist,
Elektriker und für alles
verantwortlich an Bord der
"VICTORIA AMAZONICA"
danke Victor.

Wir verabschieden uns nicht nur von der VICTORIA AMAZONICA, sondern auch von unseren Urlaubsfreunden, die ihr eigenes Programm vor dem Flug nach Deutschland vorhaben.

Eigentlich ein Wetter zum Liegenbleiben. Aber der Rhythmus vom Amazonas ist schon im Blut. Regen, schwülwarm draußen, im Hotel beim Frühstücksbuffet noch erträgliche achtzehn Grad.

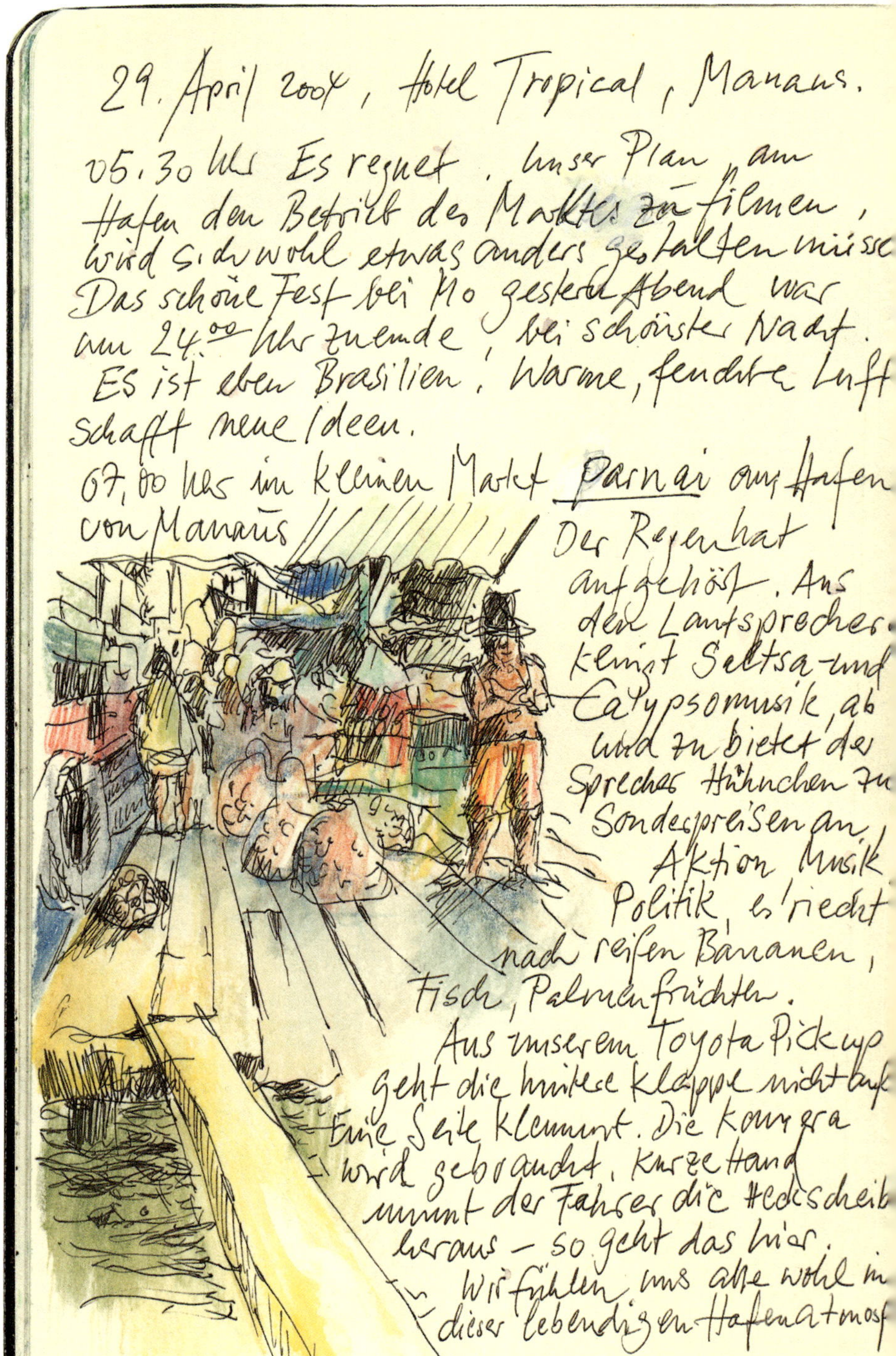

Auf dem Markt am Hafen von Manaus um 6.00 Uhr. Mittendrinsein ist alles. Ich bleibe stehen, mein Skizzenbuch ist ständig parat, jeder Moment ist erlebenswert, ist es wert, festgehalten zu werden. In den Gesichtern der Menschen hier strahlt etwas Positives. Es ist eng, anders als im großen Rio Negro. Unglaublich, die 100 kg Gewichte, die schweren Fischkisten auf den Köpfen der Träger. Immer auf der Suche nach Arbeit, empfehlen sie sich, sie betteln nicht. Fast bin ich schon wieder verloren gegangen. Das Kamerateam, Florian, Veit und Adelair suchen mich, es soll eine Einstellung bei den Fischen gemacht werden. Ich würde am Liebsten hier in Ruhe am Hafen verweilen.

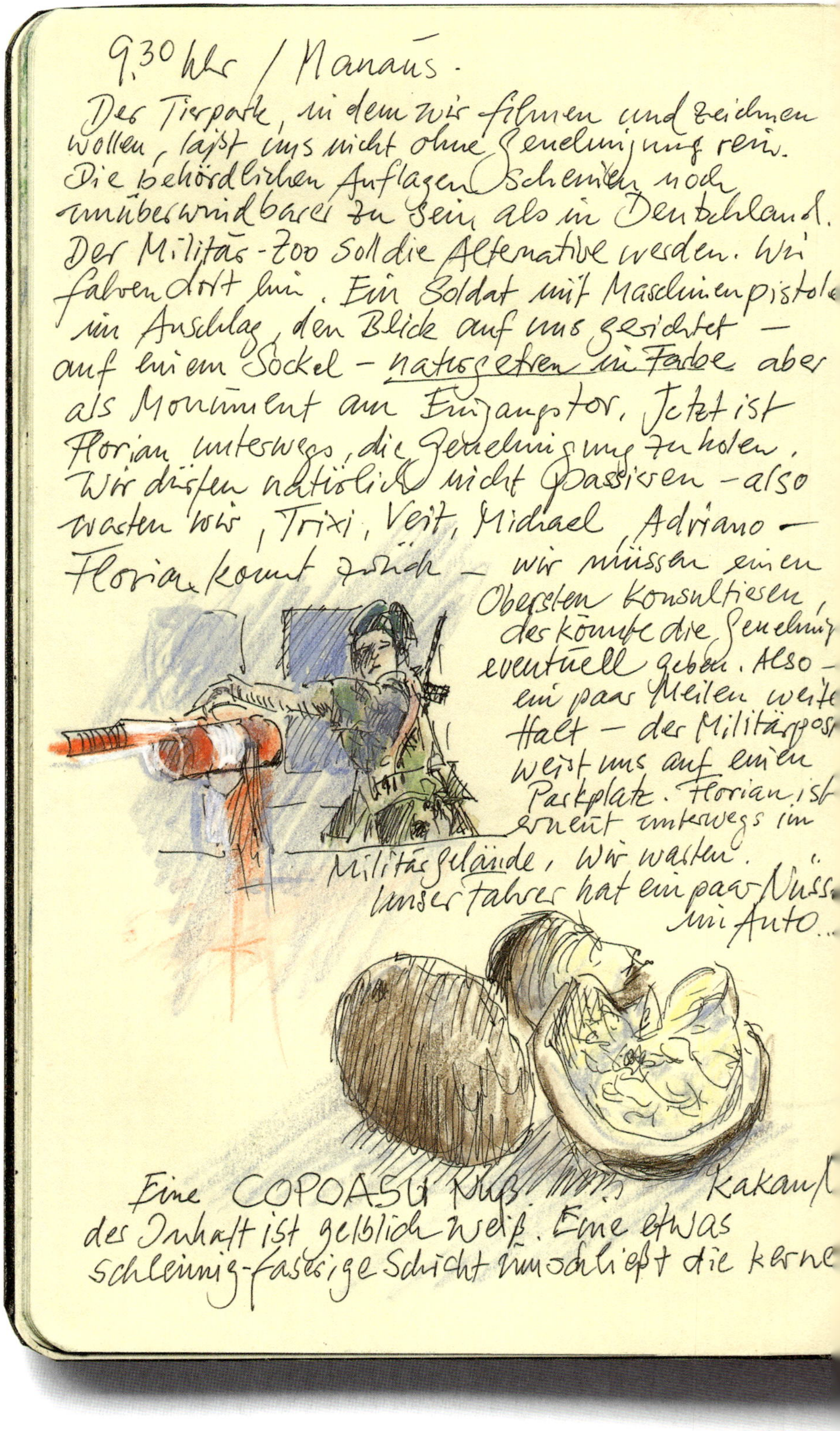

Das Wunschziel, der Tierpark mit Jaguaren, Schlangen und der Amazonas-Tierwelt, scheint nur mit Schwierigkeiten erreichbar zu sein. Es fehlen Genehmigungen, die sollen nun eingeholt werden.

Kleine Zwischenerlebnisse füllen die Stunden. Hin und her wird gefahren, wir haben einen Toyota Pick-Up mit Fahrer für diese Touren – geduldig auch er.

Einmal ganz von oben die Stadt Manaus zu sehen, das ist ein Verdienst von Florian. Seine Verbindung zum Hotel Brazil macht es möglich, in den 12. Stock auf das Dach zu kommen, um von dort oben das Gebäude der Oper zu filmen.

Die Kamera ist fertig mit der Einstellung, ich habe noch ein paar Linien zu machen, aber Eile ist angesagt und runter.

Eigentlich ist es gar nicht wichtig für mich, immer markante Punkte aufzusuchen. Der Weg ist das Ziel. Das, was an dem Punkt passiert, an dem du dich niederlässt, das wird plötzlich der Mittelpunkt deiner Welt.

Die Tierparkidee wird fallengelassen, denn es soll viel Geld fließen. Das kommt mir irgendwie bekannt vor.

FACULDADE DE DIREITO DO AM
Das Gebäude der juristischen Fakultät stammt aus der Jahrhundertwende, der Zeit, als Kautschuk die Investoren aus aller Welt nach Manaus lockte. Viele Häuser sind verfallen. Einige bis heute gut erhalten oder total restauriert.
Die Stadt Manaus wächst und wächst. Jeden Monat wachsen die Slums am Rande der Stadt, weil die Presse neue Arbeitsplätze veröffentlicht, die bereits belegt sind.
13.50 Uhr. Es fängt an zu regnen. In den Gassen werden die Stände abgehängt. Warmer Wind streift uns, der Regen wird zum Guß.
ein Portier kommt dem hupenden Taxi entgegen mit einem Schirm, holt er die Dame ab
wir warten immer noch

Eine kleine Pause zum Nachdenken. Wir werden an einen gemütlichen Hafenplatz mit dem Namen PORTO TARUMA kutschiert. Da – eine Art Cafe. Wir laufen über ein paar Bretter zur schwimmenden Bar, hier wird man ja wohl einen Kaffee bekommen. Aber mit dem Wort Kaffee oder Cafe oder ähnlich wollen die kleinen Mädels uns nicht verstehen. Momente später kommen sie auf uns zu und meinen „... Ah ... Kafääh ...“ Ich weiß bis heute nicht, wo die falsche Betonung lag.

Naja und dann haben wir noch Zeit, ein Kautschuk-Museum zu besuchen.

Florian kennt es. Mit einem Wasser-Taxi, das mir vorkommt, wie ein Gefährt aus einem Vergnügungspark. Trixi, Michael, Florian, Veit, Adelair und ich – immer zwei nebeneinander aber nicht viel bewegen, sonst kommt Schräglage in das Teil. So knappe zwanzig Minuten in Gleitfahrt über den Rio Negro, an Bootsanlagen vorbei, hier ist immer noch das Winterlager für die Sportboote erkennbar. Sie liegen noch eingepackt unter schützenden Hallendächern.

Wir sind angekommen. Das Aussteigen ist genauso zu organisieren, wie das Einsteigen. Über einen Brettersteg an Land – da liegt das Gelände eines Kautschuk-Barons.

Der Wasserstand hat immer noch nicht die ganze Höhe erreicht für die Ladebrücke, denn sie steht hoch und stelzig über uns. Wir werden freundlich empfangen, das Museum ist eigentlich nicht geöffnet.

Diese Museumsgelände zeigt die Herstellung
Verwaltung und Lagerung, bzw. Handelsplatz an
der Zeit in der Jahrhundertwende.

in den nächsten beiden Monaten bis Ju
wird das Wasser noch 3 Meter höher steigen
dann beginnt wieder die Trockenzeit mit noch 'ne
Wärme und das Wasser geht langsam zurück, man
sagt bis zu 15 Meter im Amazonas. Die Nebenflü
sind dann nur noch Rinnsale.

Man führt uns aber gern herum. Zuerst ganz links das Wohnhaus. Eingerichtet aus der Gründerzeit. Sparsam aber großzügig gestaltet mit vielen Fenstern und Türen zur umlaufenden Veranda. Wir alle könnten hier sofort einziehen. Daneben der Speicher mit Kontor, Lager, Wiegeeinrichtungen.

Mit einer Kapelle gleich nebenan repräsentiert diese Anlage das Zentrum eines Kautschuk Handelshofes mit angrenzenden Wohnhäusern der Arbeiter. Ein Stück weiter die Überdachungen der Kautschuk-Kochereien. Hier wurden die flüssigen Säfte des Gummibaumes über Holzkohlefeuern verfestigt und zu großen Ballen geformt.

Es wird langsam Zeit, denn die Sonne macht pünktlich um 18.00 Uhr Feierabend. Wieder hinein in die Schiffsschaukel und zurück zum Hotel TROPICAL. Zurück in die perfekte Welt der Zivilisation. Morgen früh soll es mit dem Wasserflugzeug über den Rio Negro und Manaus gehen.

30. April, Hotel Tropical

7.30, wir machen uns fertig
ok, Florian kommt mit der schweren Film-
kamera auf der schrägen Slipbahn ins Rutsche
und schlägt rückwärts
auf den Hinterkopf. Es scheint,

als würde alles auf einmal stehenbleiben.
Florian liegt dort rührt sich nicht, die Kamera
neben ihm, die Beine im Wasser. Es ist nicht
auszudenken, was jetzt alles passieren wird. Von
der "VICTORIA" hole ich Eis, es ist genug in der
Gefriertruhe an Deck. Veith, Trixi und Adelair
helfen Florian, reden mit ihm – es scheint außer ein
paar Prellungen gut abgelaufen zu sein. Aber die
Kamera zeigt ein paar Schwächen. Inzwische

Früh muss es rausgehen, wegen der Lichtverhältnisse. Alles ist wunderbar, das Frühstücksbuffet ist wieder so groß, dass man sich vornehmen muss, beim ersten Fünftel aufzuhören.

Eine traumhafte Stimmung heute morgen. Kaum ein Lüftchen weht, die Sonne am klaren Himmel gerade mal eine Stunde da. Blauviolette Dunstschwaden, das Flugzeug ist startklar. In zwei Gruppen soll der Flug einmal für die Filmkamera und einmal für die Fotos steigen. Nicht alles geht so reibungslos wie gedacht. Ein kleiner Zwischenfall lässt uns für eine Sekunde den Atem stocken.

Florian rutscht beim Übersteigen in der glatten Schräge auf der Plattform aus. Mit der Kamera auf der Schulter. Es läuft blitzschnell ein Horrorfilm für uns ab. Aber Florian steckt es mit ein paar kleinen Blessuren weg, wie auch die Kamera scheinbar nichts Ernstes abbekommen hat.

Mit einer kleinen Cessna ohne Tür, für ein paar Minuten über einer Millionenstadt mitten im Amazonasgebiet, über Wasser und Regenwald zu fliegen, das ist schon etwas Erhebendes. Ein Containerfrachter mitten im Strom ankernd, lädt seine Boxen gerade auf Leichter ab, die dann mit den wartenden Schubschiffen an die Küste gebracht werden. Der Rio Negro und der Rio Solimoẽs beginnen sich gerade zu vereinen, in schwarzen und braunen Verwirbelungen.

Wer weit draußen auf dem Fluss sein schwimmendes Zuhause hat, muss nach einem Jahr den Standort verlassen.

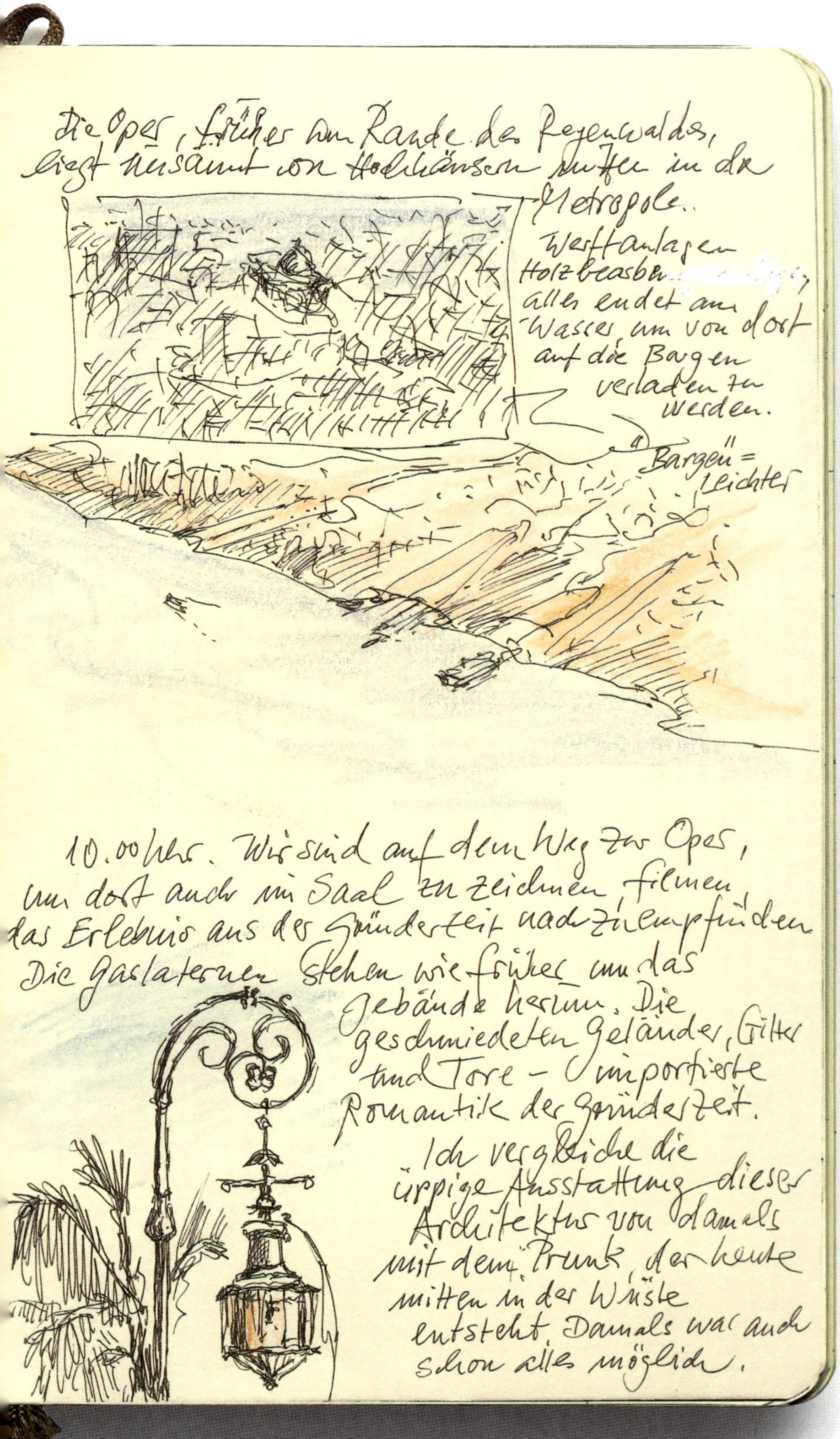

Ich entdecke das Opernhaus, mitten im Häusermeer, dort werden wir heute schwitzen, denn es wird wieder heiß. Michael sitzt vor mir neben dem Piloten, hat neben sich die Öffnung der Tür. Der Fahrtwind macht das Fotografieren und Zeichnen noch aufregender und das Licht ist für uns eine besondere Freude.

Eine Flugrunde mit der Kamera schließt sich an, bevor wir uns auf den Weg zur Oper machen.

Bis ins kleinste Detail restauriert und gepflegt, die immer noch stolzen Zeugen der Gründerzeit.

Das Veranstaltungs-Programm ist gefüllt, der Beginn einer neuen Blütezeit für die Oper von Manaus? Mit dem seit Jahren immer beliebter werdenden AMAZONAS OPERA FESTIVAL MANAUS steht das inzwischen total restaurierte Gebäude im Mittelpunkt von Opern- und Konzerten.

Dies ist der letzte Tag in Manaus. Ein langer Tag scheint schon hinter uns zu liegen, als Florian und Adelair die Filmkamera einpacken, um rechtzeitig den Flug nach Rio de Janeiro zu erwischen. Für uns ist heute ein neues Ziel geplant. Eine Lodge im ECO-PARK für einen Kurzbesuch und die Lodge ARIAÚ Amazon Towers am Abend. Der ECO-PARK empfängt uns nach einer halbstündigen Bootsfahrt mit einem Lunch unter einem großen Palmendach. Wenig Gäste um diese Zeit, was uns angenehm erscheint. Die Gäste-Hütten sind zwischen Palmen und anderen Regenwaldbäumen verteilt, mit Wegen verbunden macht die Anlage einen naturbelassenen Eindruck. Der ECO-PARK rühmt sich wegen der großen Zahl von Tieren. Unsere Zeit ist aber nach einem Rundgang recht knapp, denn um 16.00 Uhr soll die Fähre zur Lodge ARIAÚ abgehen.

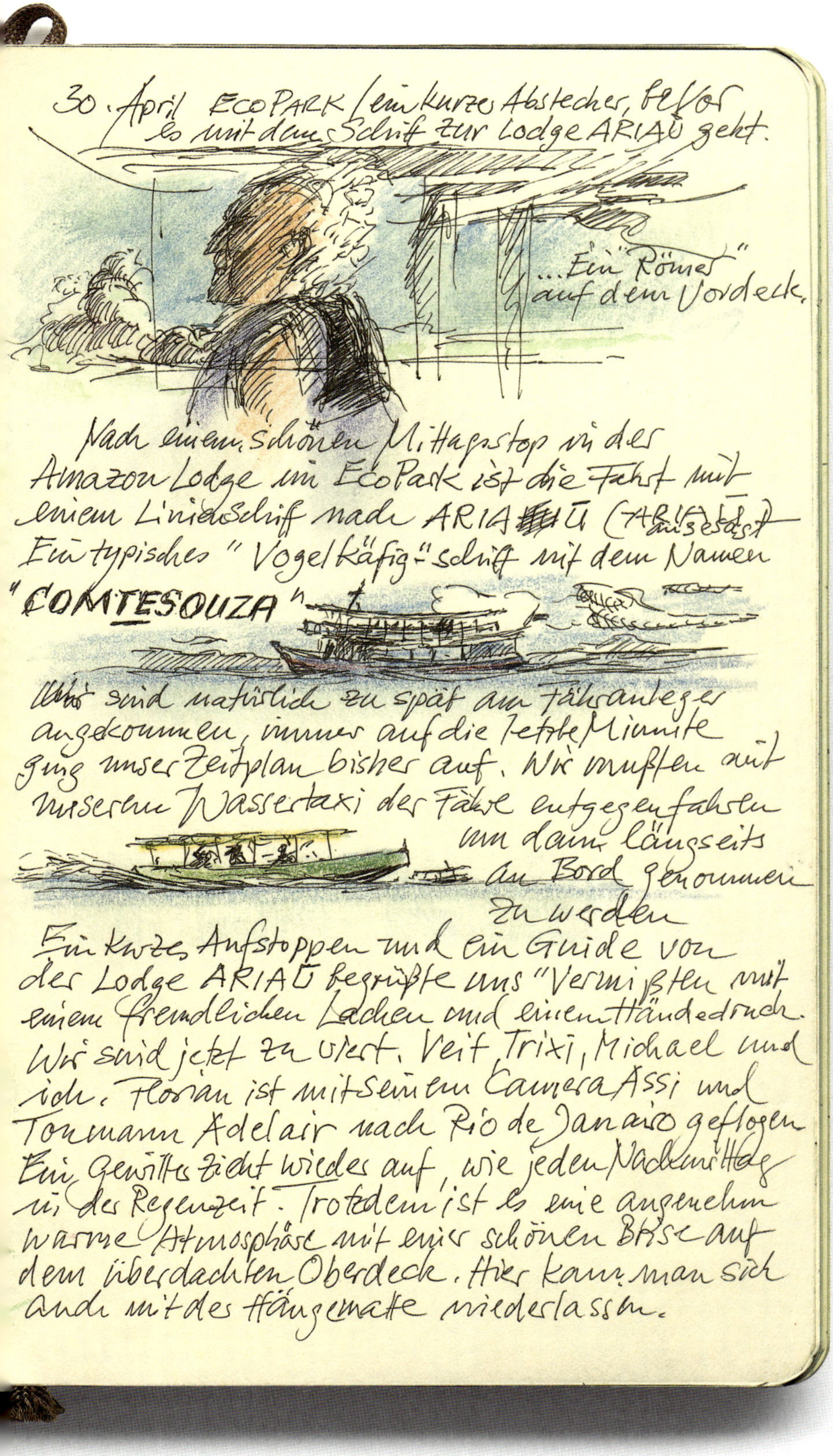

Wir sind unter Zeitdruck und obwohl unsere „Schiffsschaukel" alles aus sich herausholt, sehen wir die Fähre nach Ariaú uns bereits entgegen kommen. Ein kurzes Längsseit-Manöver, das Gepäck zu erst, dann wir und ab gehts, die nächsten zweieinhalb Stunden zur Lodge Ariaú. Wir wurden schon vermisst, als angemeldete Gäste. Trixi, Michael, Veit und ich sind nun die Letzten aus einer Gruppe von zweiundzwanzig Amazonas-Reisenden. Die Lodge soll uns noch eine andere Möglichkeit präsentieren, den Regenwald kennen zu lernen.

Unser Guide auf der Fähre hatte uns schon vermisst.

17⁰⁰ Uhr

Das Hauptdeck ist menschenleer
Nur Michael läßt sich die 2½ Stundenfahrt
auf den Koffern und Taschen gefallen.
Im Juli, August September bis Oktober
rechnet man mit den meisten Gästen, dann ist
Hochsaison. Trotz Nebensaison stellt sich doch
tatsächlich einer der
wenigen Fahrgäste
in meine Zeichnung.
Hier ist man eben
tolerant.
Der Kapitän ist so ca
25 Jahre alt, hat
kaum Zähne, steht
barfuß am Ruder
und ist glücklich
daß der Kompaß
auf 300° steht.

Bei Sonnenuntergang werden wir mit einer Gruppe von Trommlern und zwei Indianer-Mädchen empfangen. LIDIA, unser Guide wird uns für die nächsten beiden Tage an die Seite gegeben. Man kümmert sich um unser Gepäck, ohne dass wir uns bemühen müssen.

Nach zehn Tagen VICTORIA AMAZONICA ist dieser Platz erst einmal gewöhnungsbedürftig. Sechshundertfünfzig Gäste kann die Anlage aufnehmen. Auf Pfählen über dem überschwemmten Regenwald stehend, sind die runden Bauten mehrstöckig in die Landschaft verteilt. Verbunden ist die Anlage mit einem Brückenweg, ebenfalls auf Pfählen.

Um uns herum tauchen die Totenkopf-Affen auf. Sie nehmen alles in ihre Hände, was zu greifen ist.

Acht Kilometer lang sollen die Brückenwege über den Bäumen des Regenwaldes sein. Somit ist es möglich, die unterschiedlichsten Eindrücke von Tierwelt und Pflanzen aufzunehmen. Die Betreuung ist gut organisiert, für jede Aktivität ist jemand zur Stelle. Für uns, die wir in einer kleinen Gruppe an Bord der VICTORIA AMAZONICA die Einsamkeit erlebten, ist der Besuch in der Lodge ein krasser Gegensatz.

Im Gespräch mit dem zutraulichen Geschöpf erfahre ich, dass das Emu ein Nandu ist.

Entlassen aus der Kiste, die neue Freiheit abzirkelnd, verschwindet die Anakonda im Unterholz.

2. Mai 2004, 14. Uhr

Mit der „ELCIONE" nehmen wir Abschied von ARIAU. Zurück geht es nach Manaus.

Es ist wieder sehr warm und die Gewitterwolken bauen sich wieder auf. Ein frischer Wind kommt aus N.West und legt das Schiff etwas auf Steuerbordseite, hält so auch die Schweißtropfen fern, die sich an Land sofort wieder zeigen werden.
Punkt 16.00 Uhr kommt die Fähre am Tropical Terminal an, 18 km vom Centrum Manaus entfernt. Um 03.10 Uhr morgen früh geht der Flug nach Sao Paulo. Wir haben viel Zeit aber die letzten REAL sind angebrochen. 90% Luftfeuchtigkeit 30° Wärme, eine Taxe ins Centrum von Manaus. Heute ist Sonntag und die Stadt feiert an der Küste. Das Leben geht nach Sonnenuntergang erst richtig los. Uns steht noch die Nacht bevor.
Um 03.10 Uhr geht die Boeing 737 ~~300~~ mit Michael und uns nach Sao Paolo. Klimatisiert läßt es sich aushalten und ein bißchen Schlaf macht wieder fit.
Der Sonnenaufgang läßt die ersten Strahlen an den Hochhäusern von Sao Paolo aufblitzen. Um 07.30 Ortszeit (eine Stunde später) steigen wir aus. Es ist 19° warm und nicht feucht.

Abschied vom Amazonas.
Es geht zu schnell. Wie ein Blatt
herausgerissen aus dem Tagebuch,
das eigentlich erst anfangen will.

„Atélogo, Amazonas".

Der erste Kontrast macht sich im Flughafen sichtbar. Kein genügsames Leben in der Natur. Keine Besinnung auf das einfache Dasein – ich gehe erstmal zum WC, ein paar Schritte in Richtung Gate 22. Ein Portugiese im WC ruft etwas, ich verstehe es nicht, wir schauen uns an zucken mit der Schulter. Er sieht etwas besorgt aus, hält eine blaugraue Bauchtasche in der Hand. Hat wahrscheinlich jemand vergesse der arme. Ich sehe dem Portugiesen nach, er geht mit der Tasche an den Kiosk. Ich mache mir Gedanken darüber, daß Derjenige nicht am Kiosk fragen wird. Meine Reals muß ich doch noch loswerden, schaue kurz in den Dutyfree shop. Dieses Angebot aus der Zeit der Butterfahrten macht mich gar nicht

In der Drehung zum Ausgang werde ich fast umgerannt! Wie ein Blitz läuft er im Slalom durch die dichte Menge in Richtung WC. Mir wird sofort klar, was da abgeht. – Nun auch noch das – er zielt auf die falsche Toilettenanlage zu, verschwindet, während ich dem Kiosk zustrebe und siehe da, dort liegt die Tasche! Ein kurzes Gespräch per Zeichensprache – verstanden – mit dem Fundstück trete ich dem verzweifelten Fluggast entgegen. Die Erlösung ist ihm sofort anzumerken – alles hatte er verloren, seine Identität war einfach ausgelöscht.

Wäre diese Story anders verlaufen, Heinrich Berger aus Österreich säße jetzt nicht hinter mir, im Jumbo nach Frankfurt.

Vielleicht ist diese Geschichte gerade richtig für einen Abschluss von der Amazonas Reise. Wir modernen Menschen aus den großen Metropolen haben alles aber wenn der seidene Faden einmal nicht hält, sind wir nichts. Sie hatten fast nichts, die Menschen im Regenwald. Die Achtung vor dem Nächsten und ihre Würde war ihnen anzusehen. Das wünsche ich mir für unsere Gesellschaft, die braucht es dringend. So denke ich gern an Mo, an José, Daniel oder Carlos, an Victor, Beatrice und Ro, an Iwan und Mo junior und an die VICTORIA AMAZONICA

[illegible] Mai 04

Ich danke Euch für die treue Begleitung durch mein Tagebuch, hoffe, dass ein inneres Bild von dieser kleinen Expedition entstanden ist, und es Anreize gibt, zum Malen, zum Reisen, zum Erleben. Peter Weidtkamp hat seine Eindrücke mit der Kamera eingefangen. Ein paar davon haben wir zusammen ausgewählt, für die realen Augenblicke aus unserem Abenteuer.

Zum Abschluß unserer Amazonas-Expedition möchte ich all denen, die sich vielleicht schon einen Amazonas Virus eingefangen haben, die Möglichkeit geben, Kontakt aufzunehmen.

Wer jetzt auch noch auf der VICTORIA AMAZONICA oder ihren Schwesterschiffen den Amazonas entdecken will, der bekommt jetzt die beste Adresse: Wendet Euch an TRIXI

Die Generalvertretung von NIO für Deutschland, Österreich, Schweiz und die Niederlande.

TRIXI LANGE-HITZBLECK
WWW.CRUISE-CONSULTANT.DE
INFO@CRUISE-CONSULTANT.DE

Keine Angst, der E-Mail-Kontakt ist die schnellste und sicherste Verbindung zu TRIXI, denn sie ist meistens unterwegs, zu neuen Abenteuern, die vielleicht auch eine Geschichte werden, die einen "Virus" auslösen.

Alles Gute – bis zum nächsten Mal

Nur zu besonderen Anlässen ist Trixi im Federschmuck zu sehen.

JEDER TAG IST
AMAZONAS
VICTORIA AMAZONICA

Aus einem Bruchteil
einer Sekunde.
Nicht nur auf
den Knopf gedrückt,
sondern gestaltet.
Mit Geduld und
Aufmerksamkeit
für den Augenblick.
Der richtige Film,
das richtige Objektiv.
Entscheidend ist
die Faszination in
diesem Moment.

Peter Weidtkamp

fotografisches Abenteuer Amazonas.

Geboren 1940 in Hamburg-Altona, Mitgesellschafter der Firma Hansa-Flex Bremen seit 1973. Neben weiteren Geschäftsführungs-Aufgaben engagiert er sich für sein Lieblingsthema, die Fotografie. Sein Großvater war Trapper in Südwest-Afrika, vielleicht stammt daher die Verbundenheit zur Wildnis und zu den Naturereignissen. Die großen Momente, egal wo sie entstehen, fängt Peter Weidtkamp mit der Kamera ein. Prämiierungen in Gold und Silber, überall auf der Weltkarte sind seine fotografischen Ereignisse zu finden: Im Norden der Halbkugel, Kanada, Grönland, Kamchatka, Sibirien, Nordwest-Passage und dem Nordpol mit dem russischen Eisbrecher JAMAL. Auf der Südhalbkugel, in der Antarktis, Südafrika, Australien, Neuguinea Papua und auf dem Amazonas.

Immer flexibel
für den Augenblick.
Mit den Langbooten,
in denen wir
jeden Winkel
des Regenwaldes
erreichen.

Wer Piranhas liebt,
der kann bei ihnen baden,
sie angeln oder
herausfinden, welche
vier der achtzehn Arten
für Menschen
gefährlich werden.

Die Kinderstube vom Amazonas.
Zwischen Einbäumen und Geiern.

Der Fluß ATURIA will uns nicht durchlassen
dann stellt er uns unter den nächsten

„Gewalt gegen Gewalt und wenn es geschafft ist,
Ecke eine neue Aufgabe

Ein Maler in seinem
Element. Nichts stört
mehr in dieser fremden
Welt. Das saure Wasser
ist so unheimlich in
seiner Erscheinung,
daß es keiner anderen
Kunstform bedarf.

Ein paar Meter
Wasser sind unter uns,
die Aufmerksamkeit
jedoch ist in die
Baumkronen gerichtet.
Eine Boa Constrictor
bewegt sich auf uns zu.
Carlos läßt sie
nicht aus den
Augen.

Fremd und unheimlich wirkt der weiße Schleier

auf dem sauren Wasser, mit einem PH Wert von 3,7

NAZARÉ-III

Mitten im Rio Negro,
eine kleine einfache
Welt, ist sie doch
für mich die
große Freiheit.

Wie wunderbar ist das Gefühl, dem Tag entgegen zu

sehen, morgens um sechs Uhr auf dem Rio Negro.

Die Armut zwingt
zur Pflege der Tradition.
Im Leben auf dem
Rio Negro.

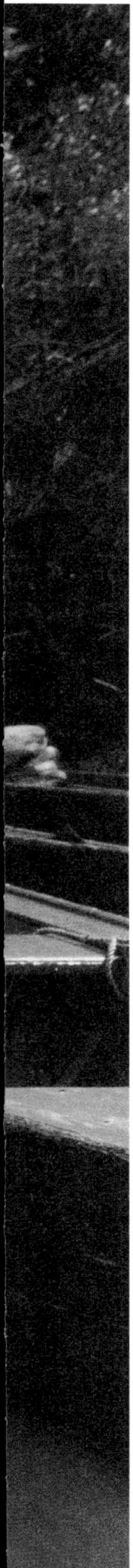

Der gewaltige Regenschauer läßt
keinen Flecken trocken. Mindestens
einmal am Tag entlädt sich der schwarze
Wolkenhimmel über uns.
Es ist eben Regenzeit
am Amazonas.

Wie ein Nordlicht im Regenwald, drei Grad südlich der Äquatorlinie.

Zum Nachdenken viel Zei

warten auf die besten Kunden.

Ständig einen im Sinn.
Die Totenkopf-Affen
scheinen uns
immer irgendwie
austricksen zu wollen.

Immer auf der Suche
nach dem besseren Leben.
Zum Traum vom Glück
in der Metropole Manaus.

Danke, Rio Negro,
für den wunderbaren Einblick
in Deinen Regenwald.

VICTORIA AMAZONICA

Ein paar Tag

Utag entfliehen, un

die so übernatürlich m

und doch auf eine gan

zu genießen ist

der Erde, denn Am

Fliegen wir

ins Amazo

Km